成长，我们在路上

王爱玲　崔西展 ◎ 主编

中国书籍出版社
China Book Press

本书编委会

主　编　王爱玲　崔西展

副主编　唐好勇　刘志臣　王增波

编　委　张俊霞　王晓丽　李　欣　李文毅
　　　　　胡雨雨　赵　琳　赵　如　杨晓宁
　　　　　周　瑛　林嘉青　徐敬铭　郑　杰
　　　　　李志芳　李　磊　杨　晶

序言 | PREFACE

2019年，青岛市教育局推出了青岛市职业学校首批名班主任工作室，"青岛市职业学校王爱玲名班主任工作室"应运而生。在青岛市教育局和学校的大力支持下，工作室做了大量的学习、研讨和实践，引领和带动了更多的班主任走向班主任专业发展的道路。在班主任成长的过程中，发生了许多感人的故事，工作室的老师们把这些故事记录下来，便有了此书。这是班主任成长的总结与反思，也是教育智慧的形成与凝练，我想这不仅对班主任的专业成长有益，对职业学校的班主任工作也将有一定的借鉴意义。

读这本书，我有几点体会：

一、这是一个有爱心的团队。教育的主题永远是爱，有爱的教育才是真正的教育。读这些班主任们的教育故事，我能从中读出每一位班主任对生命的呵护和关爱。即使面对让人崩溃的问题学生，他们也一直拥有一颗宽容的心，包容学生的无知和鲁莽。无论何时何地，无论何种处境，他们都用不同的方式来表达对学生的诚挚之爱，怀着这样一颗真诚的爱心，通过心的呼唤来陪伴学生的成长。

二、这是一个积极进取的团队。班主任每天都要面对几十个家庭背景复杂、性格各异、不断变化发展的孩子。在读这些教育故事的过程中，我读到了班主任们遇到的各种各样的挑战。但面对挑战，他们从不轻言放弃，反而善于捕捉教育时机，仔细观察问题，深入分析问题并巧妙地解决问题。然而，育人工作必然也是充满缺憾的艺术，团队的每一位成员都是思考的行者，在实践的土壤里，他们审视自己，不断学习反思，不断深入研究，完善自我，超越自我，他们用积极进取来展现师者的责任与担当。

三、这是一个勇于创新的团队。时势在变，学生在变，教育在变，作为班主任，必须要走在时代的前列，更新观念，与时俱进。读这些教育故事，我能感觉到班主任们强烈的探索精神。作为"班级导师"，他们勤学善思，以积极的情绪、开放的心态、欣赏的眼光去对待每一位学生。他们在班级管理、班级活动、转化潜能学生等各方面敢于创新，大胆尝试。他们善于学习，乐于接受新鲜事物，通过多种模式、多种渠道、多种方法搭建起师生之间、家校之间交流互动的平台，建立和发展起良好的师生、家校关系，为学生的成长和发展保驾护航。

四、这是一个有教育情怀的团队。教育情怀是什么？应该是一种激情、一种热爱、一种对教育的执着和投入。拥有教育情怀的老师，不仅是要教给学生知识，更重要的是影响学生的生命态度，培养学生的人格品质。读老师们的教育故事，我感动于他们给学生之所需，解学生之所困，以心对心，以灵魂去唤醒灵魂的修为。我感动于他们对于职业教育的那种"学生虐我千百遍，我对学生如初恋"的坚守，用真心去唤醒学生，激励学生上进，点燃希望的火苗，并护佑学生健康成长。

当然，这个工作室成立的时间还不长，工作室和成员们也都在成长，这只是一个良好的开端，期待着工作室不忘初心，砥砺奋进，在班主任工作方面能起到更好的示范引领作用，在未来有更好的发展。

崔西展

2021年1月

王爱玲名班主任工作室

　　成员组成：青岛电子学校、青岛幼儿师范学校、青岛商务学校、青岛烹饪学校的优秀班主任

　　工作宗旨：研究的平台、成长的阶梯、辐射的中心、师生的益友

　　工作目标：共同学习、共同研究、共同实践、共同成长

2

王爱玲

中共党员。青岛电子学校英语教师，青岛市王爱玲名班主任工作室主持人，山东省特级教师，青岛名师，青岛市教学能手。荣获班主任基本功大赛青岛市一等奖，全国二等奖，所带班集体多次获得山东省先进班集体、青岛市先进班集体、青岛市先进团支部等称号。

张俊霞

青岛电子学校语文教师，青岛市语言文字先进工作者。工作中善于探索革新，举行市级公开课，教改实验项目获市二等奖，论文多次获省市一等奖。所带班级被评为青岛市优秀团支部、青岛市先进班集体、山东省先进班集体。

王晓丽

青岛商务学校语文教师，班主任龄 15 年。被评为"青岛市最美班主任"，现为青岛市家庭教育讲师团讲师，曾获得青岛市家长学校优质课评选一等奖第一名。所带的每一届班级都被评为青岛市先进班集体。

李 欣

青岛烹饪学校德育课教师，校"李欣班主任工作室"主持人。青岛市巾帼文明标兵，青岛市青年优秀专业人才，青岛市教学能手。所带班级先后多次获得"青岛市先进班集体"、"青岛市优秀团支部"称号。

李文毅

中共党员。青岛幼儿师范学校思政教师，教育硕士，所带班级多次获"优秀班级"称号，个人多次被评为校"学生最喜爱的教师"、"优秀教育工作者"。承担省市级课题研究，教学论文和教学成果多次获省市一等奖，担任《学前教育法律法规》一书副主编。

胡雨雨

青岛电子学校英语教师，讲师，所带班级特色鲜明，多次被评为校十佳班集体、获得青岛市优秀团支部称号。多次在青岛市教育教学比赛中获奖，承担多项市级教育教学课题研究。

赵 琳

中共党员。青岛电子学校计算机专业讲师，硕士学位，校高级班主任。国家心理咨询师，青岛市教育读书人物，青岛市魅力教师，获全国主题班会设计方案一等奖，所带班级被评为全国书香班级、山东省先进班集体、青岛市先进班集体、青岛市优秀团支部。

赵 如

青岛幼儿师范学校学前教育专业课教师，中共党员，陕西师范大学教育学院教育学硕士。所带班级获得青岛市优秀班集体称号。本人多次获得山东省优秀科研成果一等奖，指导学生多次获得全国活动设计与实施能力大赛特等奖。

杨晓宁

　　青岛电子学校思政课教师，所带班级多次获得青岛市先进班集体、优秀团支部称号。多次辅导学生参加"全国文明风采职业生涯规划设计"比赛获得奖项，个人获优秀指导教师奖。辅导学生参加教育部全国青少年法治知识大赛获优秀指导教师奖。

周　瑛

　　青岛电子学校语文教师，讲师。曾获得青岛市教师基本功比赛一等奖，青岛市中等职业学校班主任基本功大赛一等奖，全国技能大赛中职班主任能力比赛二等奖，辅导学生参加青岛市课本剧比赛获一等奖。

林嘉青

中共党员。青岛电子学校语文教师，青岛市教育管理先进个人，辅导学生获青岛市中学生戏剧比赛一等奖、青岛市中学生辩论赛亚军，本人多次获得青岛市"优秀辅导教师"称号。所带班级多次获青岛市先进班集体、青岛市先进团支部称号。

徐敬铭

中共党员，青岛电子学校英语教师，教育硕士。班主任龄14年，曾多次获得校级优秀班主任、优秀教师、优秀党员称号，所带班级多次获得青岛市先进班集体、青岛市先进团支部称号，春季高考辅导成绩优异。

郑 杰

青岛电子学校数学讲师，教育硕士学位，校优秀班主任。辅导学生获市数学竞赛一等奖，个人技能比武获二等奖，春季高考数学教学成绩突出。所带班级多次获得校十佳班集体、青岛市优秀团支部荣誉称号。

李志芳

中共党员，青岛电子学校数媒专业教师，所带班级先后被评为校先进班集体、青岛市先进班集体，本人被评为校"优秀班主任"。辅导学生分别获全国、省、市技能大赛一等奖，本人获"全国优秀指导教师"称号。

李 磊

中共党员。青岛电子学校英语教师，青岛大学外国语学院文学硕士。所带班级被评为校十佳班集体。本人在青岛市信息化教学比赛、"一师一优课"等比赛中成绩优异；辅导学生参加市级技能大赛及其他比赛屡获佳绩。

杨 晶

青岛电子学校计算机专业教师，山东师范大学计算机应用技术专业硕士。获得青岛市微课程比赛一等奖，一师一优课一等奖，指导学生参加青岛市技能比赛获一等奖，并获得"优秀辅导教师"称号。

目录 | CONTENTS

第一章 创新育人理念 打造特色班级

1. 不抛弃 不放弃 ……………………………………………… 2
2. 手机墙上挂 书本心中装 …………………………………… 4
3. 我的教室我做主 ……………………………………………… 5
4. 样板考场 ……………………………………………………… 7
5. 祖国不会忘记 ………………………………………………… 9
6. "主动找事"的班干部 ……………………………………… 11
7. 我们班没有垃圾桶 …………………………………………… 13
8. 如何增强班级凝聚力 ………………………………………… 14
9. 知为先 行为重 ……………………………………………… 16
10. 溢出来的垃圾 ……………………………………………… 18
11. 我和我的祖国 ……………………………………………… 20
12. 我在办公桌上放了一面镜子 ……………………………… 22
13. 共克时艰 不负韶华 ……………………………………… 23
14. 一堂别开生面的禁烟班会 ………………………………… 26
15. 巡寝记 ……………………………………………………… 27
16. 我不喜欢告"小状"的班干部 …………………………… 29
17. 播种习惯 收获成长 ……………………………………… 31

18. 我们的生活就是这么多姿多彩 …………………………… 33
19. 过把电影瘾 …………………………………………………… 34
20. 班主任工作两大法宝——爱心和耐心 …………………… 36
21. 排座位 ………………………………………………………… 38
22. 新春第一课——读书会 …………………………………… 39

第二章　倾注智慧之爱　转化潜能学生

1. "官方承认"的篮球队 ……………………………………… 44
2. 投票 …………………………………………………………… 46
3. 爱的春风能化雨 ……………………………………………… 48
4. 教育无小事 …………………………………………………… 50
5. 青春期的难题 ………………………………………………… 52
6. 不一样的篮球赛 ……………………………………………… 54
7. 花球 …………………………………………………………… 56
8. "觉主"社长 …………………………………………………… 57
9. 老师，其实我很苦恼 ………………………………………… 59
10. 一个都不能少 ……………………………………………… 61
11. "大问题"要小处理 ………………………………………… 63
12. 认识自我，自律成材 ……………………………………… 65
13. 掌声响起来 ………………………………………………… 67
14. 孩子，让老师拉着你的手 ………………………………… 69
15. 我们的诗词达人 …………………………………………… 71
16. 羞涩少年成长记 …………………………………………… 72
17. 用赏识的眼光铸就孩子成长 ……………………………… 74
18. 成长需要鼓励 ……………………………………………… 76
19. 在磨炼中增强自信 ………………………………………… 78

20. 我相信你能行 ……………………………………… 79
21. 爱的魅力 …………………………………………… 81
22. 接纳学生，做幸福班主任 ………………………… 82
23. 响鼓还需重锤敲 …………………………………… 84
24. 促进情绪调节，塑造健康人格 …………………… 86
25. 你若放弃，比赛就提前结束了 …………………… 88

第三章　家校携手共育　同心共筑未来

1. 电话报喜 …………………………………………… 92
2. 休学风波 …………………………………………… 94
3. 爸爸（妈妈），我需要你们的鼓励 ……………… 97
4. 夜里我不再做噩梦了 ……………………………… 99
5. 这个电话一定要打 ………………………………… 102
6. 大佬的故事 ………………………………………… 104
7. 共筑教育合力　唤醒灵魂之花 …………………… 106
8. 您是我们家的贵人 ………………………………… 108
9. 好孩子是夸出来的 ………………………………… 110
10. 家访小故事 ………………………………………… 112
11. 好为"人师"，诲人不倦 ………………………… 113
12. 你的笑容，我的心愿 ……………………………… 116
13. 今天的教育是为了明天得体地放手 ……………… 118
14. 杠精"小红" ……………………………………… 121
15. 倾听 ………………………………………………… 123
16. 你的感受，我感同身受 …………………………… 124
17. 抠指甲的男生 ……………………………………… 126
18. 才子——小满的烦恼 ……………………………… 128

19. 信念在，路就在 …………………………………………… 129

第四章　增强危机意识　变危机为契机

1. 特别的爱给特别的你 ………………………………………… 132
2. 我想退学 ……………………………………………………… 134
3. 纸短情长伴成长 ……………………………………………… 136
4. 突发事件巧沟通 ……………………………………………… 137
5. 你的一举一动左右我的视线 ………………………………… 139
6. 锁门风波 ……………………………………………………… 141
7. 丢失的眼镜 …………………………………………………… 143
8. 孩子，请不要哭 ……………………………………………… 145
9. 借机而为 ……………………………………………………… 148
10. 退一步海阔天空 …………………………………………… 149
11. 老师翻了你们的书包 ……………………………………… 151
12. 你的心事我愿意听 ………………………………………… 153
13. 因事而化，引领学生走出困境 …………………………… 155
14. 都是篮球惹的祸 …………………………………………… 156
15. 教育无痕，让学生远离早恋 ……………………………… 158
16. 一次即兴班会 ……………………………………………… 159
17. 我是思政课班主任 ………………………………………… 162
18. 我给学生"挖坑" …………………………………………… 163
19. 不做学生的"差评师" ……………………………………… 165
20. 别样学生的别样教育 ……………………………………… 166
21. 团员投票风波 ……………………………………………… 168
22. 这是一场不能输的战争 …………………………………… 170

第五章　深耕情智教育　师生共同成长

1. 陪伴中，与学生一起成长 …………………………… 174
2. 你一定能行 …………………………………………… 176
3. 用爱撑起生命的风帆 ………………………………… 177
4. 元气少女 ……………………………………………… 179
5. 像歌一样陪伴我们成长 ……………………………… 181
6. 您是我们生命中的贵人 ……………………………… 183
7. 愿我吃一堑，助你长一智 …………………………… 185
8. 感谢您一直都懂我们 ………………………………… 187
9. 扛起自己的责任　做好自己的事情 ………………… 189
10. 学生，少了一个 ……………………………………… 191
11. 眼见不一定为实 ……………………………………… 193
12. 坚持 …………………………………………………… 194
13. 我应该怎样迎接你 …………………………………… 196
14. 追逐梦想：我们不是"炮灰"！ ……………………… 198
15. 生活如此多娇 ………………………………………… 200
16. 阳光教育，体验成功，收获快乐 …………………… 202
17. 因为你，我才能快速地适应今天的生活 …………… 204
18. 赢得学生信任，助推学生成长 ……………………… 206
19. 这个小伙儿好样的 …………………………………… 207
20. 用爱浇灌，静待花开 ………………………………… 209
21. 他不再是一只丑小鸭 ………………………………… 211

第一章 创新育人理念 打造特色班级

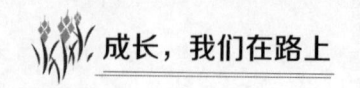

不抛弃 不放弃

> 不抛弃、不放弃是在任何艰难困苦面前不畏缩、不后退,是在无助和绝望时咬着牙都要继续前进,在工作、学习和生活中尽自己最大的努力完成任务的执着,是永远积极向上的生活态度。
>
> ——题记

军训是锤炼学生意志的绝佳机会,也是考验班主任的第一课。我所带的 2011 级 7 班的军训给我留下的印象尤为深刻。

军训第一天,年轻的教官按着身高让学生排成了四排,齐步走了几个来回之后,教官让七个肢体动作不协调的学生出列,让这七人新编成了第五排,不管高矮,站在最后一排。教官纠正了几次这些同学的动作,收效不大,于是在后面的训练中教官明显地不大关注他们了,七个学生的训练积极性马上降了下来,无精打采地跟在队伍的最后面,有些自暴自弃了。中间短暂的休息我跟教官进行了简单的交流,他说这七个人要么顺拐,要么动作极不协调,他们走在队伍里的话,那这队列没法看也没法练。从口气中我能感觉到教官是不打算让他们上最后的阅兵式了。

短暂休息后继续军训,那七个孩子成了我的心事。1998 年我第一次做班主任时的情景浮现在眼前。那时我遇到的是一位很有经验的教官,他训练的班级几乎没有不是最佳方队的。孩子们在他的带领下,训练成果不错,我也一直很省心,但就在阅兵前一天,教官说班里这个一米九多的"大个"重心太不稳,严重影响方队效果,不能进入最后的阅兵方队。"大个"被请出了方队,他的工作交给我来做。"大个"眼泪都出来了,说他训练一直很努力,如果早知道不能参加阅兵,他就不来军训了。尽管我跟他讲了很多,但他的情绪还是很低落。好在隔壁班也有几个高个,把他借过去参加了最后的阅兵式。尽管我们班获得了军训最佳方队的称号,但对于"大个"我总觉得有点愧疚。

如今看着队伍后面的七个孩子,"大个"当年的话刺耳地萦绕在我耳边,我决定要尽最大努力提高孩子们的训练效果，保护他们的自尊心。午饭后我跟教官进行了沟通，让他了解了我的想法：要让每一个学生都走进最后的阅兵式，哪怕效果没有那么好，希望教官能对这七个学生多关照。教官笑笑答应说尽力。利用午休时间我去做七个同学的思想工作。我给他们讲"大个"军训的遗憾，给他们讲加德纳的多元智能理论，告诉他们每个人的运动智能都是不一样的，他们在其他方面的智能其他同学未必赶得上，但是他们不擅长的运动智能经过刻苦练习也会有较大的提高。我还告诉他们，今后学校运动会入场式每次都要走方队，今天在教官和老师的帮助下如果都跨不过这个坎的话，今后我们班的很多活动他们都会很尴尬，此后我还用了一点激将法。

在一个新的环境里谁都不愿被人瞧不起，七个同学一致表示要尽最大的努力投入到训练中。于是我让他们七人组成了一个小队，还让班里训练动作最标准的一个同学帮助他们训练。七人相互监督，刻苦练习，大队伍休息时他们也不肯休息，吃饭后、晚休前也在军容镜前纠正动作。他们与班级大队伍相互"较劲"，成为了我所带过的军训中训练最刻苦的学生。年轻的教官也被他们打动了，别的同学休息时，教官就给七人开小灶。一时间七个学生刻苦训练的事迹在整个训练场上被传为佳话。

最后全班37人全部参加了大阅兵并获得了"军训最佳方队"的荣誉称号。这一成果让学生们找到了自信，懂得了无论遇到什么样的困难，都要坚定信心，不抛弃，不放弃，全班团结一致就能创造奇迹。这种精神一直陪伴他们到毕业，这个班获得了青岛市先进班集体，在最后的春季高考中，优质本科录取率超过了60%，创学校春季高考本科录取率新高。

【教师感悟】

　　塑造班级灵魂、强化自律意识、锤炼坚强意志、形成文明和谐的班集体，是班主任工作追求的理想境界。多年的班主任工作实践告诉我，军训是班级德育教育的奠基石，充分利用好这开学的第一课，既能增强学生的集体主义观念，培养不抛弃、不放弃、团结互助的作风，又能在训练中坚定学生自信，增强班级的凝聚力与战斗力。

青岛电子学校　王爱玲

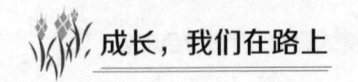

手机墙上挂　书本心中装

  苏霍姆林斯基说：只有能够激发学生去进行自我教育，才是真正的教育。随着生活水平的进步，手机的使用已非常普遍。而中职生带手机上学也是非常普遍的事情。针对这一情况，如何管理好手机给我们提出了一个挑战。

——题记

  最初的班主任工作中，我将班级学生的手机收上来统一管理，放学再发下去。有一天，我上课时走到班级的后门，想看看孩子们课上的表现，突然发现班上叫张斌的孩子低着头，手指在不停地动，我定睛一看，他竟然在偷偷玩手机。我火冒三丈，真想冲进班级把他提溜出来。后来想想还是要冷处理，先了解情况再说。下课后，我把张斌叫到了办公室，拿出手机盒，说我有事找你爸爸，你找出手机给他打个电话过去。看得出来，他一下子慌了神，支支吾吾就是不肯行动。后来他从盒子里慢慢地拿出一部手机，交给我，并向我说："对不起，老师，我交了一个假的。"我拿过来一看，原来是一个手机模型。他接着向我解释道："老师，我奶奶住院了，我想和我爸随时联系，问问奶奶的情况。奶奶把我从小带到大，一直很疼我的。""那你也没有必要交一个假的，这是什么样的行为呢？也不能因此影响上课。""对不起，老师，我怕你说我，不相信我。其实很多人都是交一个，手里还有一个。""那你回去帮我想想办法，看看怎么管理才能让大家使用方便又不影响学习。"

  我突然意识到平日的严管严控可能没有起到想要的效果。所谓"上有政策，下有对策"，同学们一直在和我玩捉迷藏的游戏。为此，我专门召开了班会，讨论手机的管理问题。同学们打开了话匣子，有的说没手机家长找不到自己，有的说需要查找资料……我把目光转向了张斌："你有什么好的建议吗？"张斌站起来说："我想我们可以将手机袋挂在墙上，贴上自己的名字，上课放进去，下课可以用。""这个建议好！"同学们小声地说。

没有规矩不成方圆，既然意见是大家提出来并认可的，那么手机的管理权也交给大家。大家一致推荐张斌来做这个手机管理员。张斌积极性高涨，带着大家制定了手机管理规定。其中一条是关于如果有人交了假手机或上课玩手机被发现的处罚，规定是把手机交由老师保管，老师会推荐一本书给他，什么时候读完，什么时候换回手机。如果下课不看手机而选书看的话，能得到德育量化的加分。一直以来，我把班里后面的橱子里摆满了书籍，自习时鼓励学生多读书，但是大家平时读书的积极性并不高。

就这样，大家按照手机管理规定进行了手机管理。原来大家一天没有看到手机，放学时会迫不及待地奔向手机，后来发现手机随时就在身边也不怎么想了，下课可以随时拿来用。即使大家没有犯错，也养成了下课找本书看看的习惯。沉浸在阅读中的孩子身上的浮躁也少了很多。

【教师感悟】

苏霍姆林斯基说，无限相信书籍的力量，是我的教育信仰的真谛之一。孩子能自我管理和自我成长也是我们教育的目标。让我们期待孩子们能在书海中自由徜徉，腹有诗书气自华。

青岛电子学校　周瑛

我的教室我做主

要使学校的每一面墙壁说话，发挥出人们期望的教育功能。

——苏霍姆林斯基

教室的每一面墙壁都可以是民主讨论、决议、行动的硕果展示，尤其是新班级刚刚组建，正需要通过班级环境布置来凝聚班集体，发挥学生的主动性、创造性，锻炼动手能力、组织和协调能力，从而使环境的育人功能发挥时效，形成良好的育人环境。

新班组建，学校要求在一周内完成班级环境布置。接到任务后，宣传委员直接来找我诉苦，说完成不了这么多工作，不知道从哪入手。我一想也是，教室环境布置是项工作量大、内容烦琐的工作。如果把这个工作交给宣传委员来做，完成起来比较吃力。那怎么办呢？我们可以借助集体的力量，把任务分割成若干个子任务，采用"任务招标"的形式，由中标的各个合作小组来完成相应的班级环境的布置。在整个班级环境布置中，首先由宣传委员和班干部协商出班级环境布置的主题和内容，把环境布置工作分工，列出相应的要求，在班级群里发布"招标"书，各个学习合作组拿出设计方案进行全班公开竞标。对主动参与而且完成任务的学习小组实行班级量化考核加分，每次加分由组长分配。这样既调动了学生的积极性，又能准确地评价每个小组成员在活动中的表现。

说干就干，我提前召开班干部会，宣传委员说明任务的要求，一番讨论后，定下班级环境布置的主题，并一起把教室的环境分为五个部分：后黑板、墙面、窗台、讲台、前后门及书橱，按照分割部分列出了相应的装饰要求。接着召开全班教室装饰招标会，很多同学都跃跃欲试，小组讨论任务也很热烈，很快几个任务就顺利地找到了承接小组。在当天的晚自习中，大家就开始着手准备，设计的设计，找材料的准备材料，热火朝天地行动起来。

经过大家的努力，我们班按时保质地完成了班级环境布置任务，而且各小组的创意齐出，最终我们班的教室环境布置被评为最佳创意奖。

在这个班级环境布置活动中，学生是活动的主体，充分展示了他们的创造力、协作力和沟通交流的能力，也为新组建的班集体带来了生机，增加了班级的凝聚力，加强了同学之间的互相了解，增进了友谊。而教师在这时是活动的陪伴者、倾听者、观察者和引导者，比如，活动之前购置材料需要经费，班主任负责与学校沟通，得到学校的支持，再加上大家用军训时积攒的饮料瓶和废旧物品变卖后得到的经费，正好用来购置班级装饰材料。班主任在整个活动中观察各位同学的表现，及时了解他们的情况，让教育既有的放矢，又增进了师生的情谊。

> 【教师感悟】
>
> 学生主动参与班级管理体现了学生主体地位的发挥，帮助学生树立班级主人翁意识，形成良好的班级凝聚力和协作氛围，也充分调动了每个学生的积极性和潜能，形成良好的班风班貌。
>
> 青岛幼儿师范学校　李文毅

样板考场

> 班级的成长就像一次认真的旅行。只有被一件又一件清晰的目标刻度，被一次又一次有价值的实践刻度，被一次又一次有温度的成长刻度，班级才有了应有的凝聚力和温度！
>
> ——题记

班主任的成熟，决不是在学生们面前颐指气使，而是放低姿态，和他们一起面对问题、解决问题。

今年教师资格证考试在我校设置了考点，18级的每个教室都需要做考场。对于新入学的他们来说，这可是第一次承担如此重要的任务。学校也高度重视，既召开全体师生动员大会又对班主任、监考教师进行专门培训。可到了学生那里，似乎是事不关己。周四晚上我就布置学生把多余的书带走，周五下午大扫除，我让学习委员和卫生委员把考场布置的要求和人员分配布置了下去。不一会儿劳动委员就沮丧地跑来说值日的同学大多数都说自己有事，不是说自己要去辅导班上课，就是说家住得远，晚了就赶不上车。

对于委员们的"上诉"，其实我早有准备。我对劳动委员说，既然同学们不愿意，那我们更得想办法解决问题。劳动委员提议让不参加的同学"罚扫厕所"两个星期或者操场跑圈。我说这些都是惩罚性的措施，它不会让值日的同学从内心意识到参加这个"小"活动的必要性。学习委员嘟囔着说："隔壁学姐班的考场布置得又快又好，都快成标准考场了。"我想为何不带班级学生去"标准"考场"参观"呢？这样，在班长和其他几个班干部的安排下，班级的6个小组都轮流对隔壁考场进行了一番参观学习。回来后，我对学生说："咱们每次的期中、期末考试都会分配到学校各个考场，每个考场的地面、桌面以及桌椅的摆放等都是按照考试要求准备好，是谁在做这些后勤工作？对，是各班的每位同学。因为你们要考试，为了方便大家考试，每班为大家提供了干净整洁的考试环境。如今，别的考生要来我们学校参加考试，我们作为'东道主'，可以为他们做些什么呢？"好多学生都说我们也要布置好考场，方便别人考试。看到学生们醒悟了，我趁热打铁，问大家"那你们去隔壁考场看到了什么？""我看到了整齐的桌椅""每行每列桌椅之间的间距是一样大的""我看到讲台旁边有专门的空桌，专门摆放考试用品""墙上所有张贴的名人名言和后黑板等都用黑色垃圾袋封贴起来了"。一番意见表达之后，学生们再看看凌乱的班级，纷纷拿起了扫把、拖把，有条不紊地干起了活，明确分工，每个人都一丝不苟。小齐贴好考号后，不放心再回过来检查数遍，芳芳和大宁塑封好后还不满意地边撕边说："一定要贴结实了，风一吹掉下来可不好。""这个桌椅有点晃动，咱们用胶带垫起来吧。"我在旁边看着故意说："圣心，桌椅晃动不要紧。""老师这可不行，晃动厉害了会影响哥哥姐姐考试的。"我会心地笑着说："工作越来越认真体贴了。""老师您快看，这个灯一闪一闪的，是不是该换掉？"安全委员着急地跟我说。"赶紧去报后勤老师吧……"很快，乱糟糟的班级变得整整齐齐，俨然成了标准的考场。考场布置好后，学生们自觉地到教室外边等候学校检查。没一会儿，学校考务组老师过来检查，走进教室惊喜地说："哇，18级3班非常不错，可以作为学校样板考场了。"学生们听到老师的表扬抿着嘴笑起来。我乘势说："同学们，只要我们看见美好，并且朝着美好努力，咱们的班级就会变得越来越好，你们说对不对啊？"学生们异口同声地答道："对！"

【教师感悟】

在平常的教育教学过程中，其实会遇到很多类似上述的"活动"，有不少教师会进行简单的口头指令，一带而过。而这些"活动"恰恰多是发生在学生身边的，合理地利用这些"活动"，让他们去思考和感受，在讨论中去引导、教育他们，往往会取得意想不到的效果。

青岛幼儿师范学校　赵如

祖国不会忘记

> 校园中，一些"乱班"里是有很多"能人"的，但由于他们所在的班级在整个学校属于较低层次，在众多场合，他们潜在的才能得不到发挥、得不到展示，他们很少有"出头之日"。
>
> ——题记

那年我中途接了一个高二的班，这个班学生行为习惯差，班级像一盘散沙。刚接班不久，我就接到校五四青年节合唱比赛的通知。我找到班长和文艺委员了解了上一年参赛的情况。班长说因为班级太乱，没法组织，上一年弃权了。当我问起班里有没有歌唱得不错的同学时，他们告诉我班里竟然有两个同学拿过校艺术节卡拉 OK 比赛一等奖，并且班里爱唱歌的同学不少，文艺委员一口气说了十多个名字。我暗下决心：利用好这次机会来增强班级凝聚力，让学生感受新班主任带来的新气象。

为了这次活动，我想调动起所有能调动的积极因素，利用好一切有利的资源。首先我找到我班音乐老师孙老师，跟她谈了我的想法。在接下来的工作中孙老师和我一起召开了班委及班级文艺骨干会议，确定了大部分学生比较喜欢又充满正能量的参赛曲目《祖国不会忘记》，并对整个备赛参赛做了详细的规划和分工。身高近两米的体育班长负责指挥，孙老师负责对他进行培训。获艺术节卡拉 OK 比赛一等奖的两名同学担任领唱，班级的几名嗓音比较好的同学担任开场朗诵，同时对服装、动作、队形等做了细致的安排。鉴于班级纪律有些自由散漫，实行班干部和文艺骨干负责制，每人自选三到四人，负责练习及合唱比赛中的组织和提醒工作，开展小组竞赛。

思想决定行动，接下来是统一思想。有了班委及文艺骨干在各个小组的预热，我在班级的思想动员工作就容易了很多。我用的激将法："人家都说咱班是一盘散沙，啥都不行，你们服不服？""不服！"声音非常洪亮。乘此势，我接着说："好！我也不服！现在就有一个机会，咱们可以让全校师生对我们刮目相看，什么机会？""合唱比赛！"学生异口同声。我看到了这个年龄段学生脸上不服输的表情，但多少有些悲壮，毕竟别人的这种评价他们早已听说过无数次，而且也很厌恶。接下来我详细分析了班级合唱比赛的优势和这次参赛的具体安排，同学们第一次听我讲话听得那么认真。

对于这样一个"乱班"，我知道第一次组织一个全班同学都参与的活动，它成功的意义远大于比赛获奖本身。但要想成功，我必须走到学生中间去，手把手地教。为了合唱前那段朗诵的精彩呈现，我、孙老师和同学们一起写稿改稿，一遍遍纠正朗诵同学的语音语调，帮他们设计动作和表情。在合唱练习和队形动作方面，孙老师牺牲了大量业余时间给我们指导。以往总是被当作落后典型挨批评，这个班级太需要鼓励了。每次练习前后，我都给他们加油鼓劲，为他们的一点点进步叫好。同学们能感觉到我和孙老师在他们身上的付出，他们的自信心一点点被激发，精气神一点点提起来！合唱比赛前一天下午，舞台就在操场上搭好了，那天我班正好要参加校篮球赛，被排在第二场比赛。在等待比赛的过程中，同学们竟然主动提出先去走走台。看着身着篮球服认真走台的同学们，我知道我们已经成功了一半。

合唱比赛那天，同学们既紧张又兴奋，体育班长走路都练习指挥动作。上场前我跟同学们这样说："同学们，我对大家的备赛非常满意，自信地走向属于我们的舞台，展示今天不一样的六班！不用紧张，在我眼里今天的你们就是最好的！"孩子们还给我坚定的眼神。不经一番寒彻骨，哪得梅花扑鼻香！刻苦训练过的孩子们在舞台上娴熟而从容，歌声与朗诵声激情高亢而韵味十足。台下的观众面面相觑，不时爆发出阵阵掌声。很多老师和学生都问我，这真是六班吗？最终在全校三十多个参赛班级中我们获得了第二名。比赛结束后，同学们要求拍张手捧奖状的集体照，这是自入学以来他们拿到的最好名次。后来，这张照片被同学们放大后挂到了班级的墙上。

比赛结束的那天晚上，我把同学们合唱的视频发到了班级QQ群、微信家长群，还把学校领导、老师及其他班级同学对我们出色表现的溢美之辞截图发到了班级微信群。接下来我们还召开了题为《我不会忘记》的主题班会来总结此次合唱比赛。同时，我还让同学们以文章的形式来反思此次合唱比赛。我就是要最大限度地让他们感受团结付出带来的喜悦，让他们懂得尊重靠自己赢得，有了班级的强大才会有个人的荣光，只要齐心协力，就会创造更多奇迹。我向校刊推荐了四篇学生的感悟，竟然全部被录用了。

在这次活动的激励下，孩子们参加各种活动的积极性被调动起来了，由老师亲力亲为逐渐到学生自主组织活动,班级凝聚力一天天增强,班级也一天天朝着好的方向前进。

【教师感悟】

马斯洛需求层次理论告诉我们,每一个人都渴望得到别人的尊重,渴望得到别人的赞赏。对于这些被别人贴了"乱班"标签的班级来说更渴望得到别人的赞赏。作为班主任,必须想方设法去激发他们内心深处的矛盾和斗争,使他们由"我们是乱班"的心理转变到"我们可以很团结,可以很强大",触动他们的心灵,唤起共鸣。然后组织系列集体活动,班主任要全身心投入,让学生充分体验集体成功的欢乐和幸福,进而产生一种积极向上的动力,增强自信心,逐步形成班级凝聚力。

青岛电子学校　王爱玲

"主动找事"的班干部

教育应该唤醒学生主动服务的意识。一个班级,要想健康和谐发展,离不开班干部的管理,班干部应该比其他同学更有服务意识,更应该学会"主动找事"做。

——题记

教室里响起热烈的掌声,原来是小乐同学被评为"主动找事服务标兵",大家都在祝贺她。

这件事有段来历:一天中午,学生都去食堂吃饭了。我经过教室时发现灯都亮着,便顺手关掉了,班班通也开着,也顺手关掉了。刚想走出教室,我又发现班级前面饮水机处有一滩水,原来饮水机水盒里的水盛满了,溢了出来。于是我把水倒掉了,又把地拖干净。我突然想,学生缺少主动找事的意识,尤其是班干部,不知道主动找事来做。我有了必须先培养班干部主动找事意识的想法。我想起了前几天学生得知我比赛获一等奖后,让我请客,何不从此入手来教育他们呢?

午休时，我把班干部都喊进办公室，笑着对他们说："那天，大家得知我获奖，都要我请客，你们有什么好主意？"大家一听乐了，七嘴八舌地说起来，有的要求我买一大袋糖，有的要求我买一些水果……我突然问："那你们都担任班干部，是不是也要请客？"班干部们一时哑然，然后都说班干部是做事的。我笑了说："这句话说对了，班干部是做事的。官越大，事就越要做得多，而且要主动做事，这才能配得上这个官。如果只当官不做事，大家会怎么说？"小芳笑着说："一定会说占着茅坑不拉屎。"听了这句话，一时间所有的人都笑了。我边笑边说："这个比喻好啊！作为班干部，如果没有主动为班级服务的意识，是不是同学们也会说你们占着茅坑不拉屎呢？"

几个班干部没有了刚才的嬉笑，若有所思地点点头。我趁热打铁说："今天大晴天的，光线很好，班里没人，教室里的日光灯还一直开着，班班通也开着，都没人关。饮水机旁边的水也没人清扫，我们班干部是不是要多留点心呢？从明天起，希望班干部都能行动起来，让主动找事之花开遍19.3！"大家连连说好，笑着走出了办公室。

之后，我看见卫生班长常拿着扫把在教室里穿梭，生活委员把大家饭卡充值的事全包揽了，每个星期一我都看到黑板上写着"需充卡的同学速与生活委员联系"的字样。

渐渐地，其他同学也积极主动找事来做，有的同学主动倒垃圾，有的主动擦黑板，有的主动帮老师打水，而每当看到这种情形，我都会忍不住偷着乐。

【教师感悟】

若班干部都有了主动服务意识，必然会激发起其他同学的服务意识，引发班集体主动服务意识的大觉醒。这种意识一旦被唤醒，我们收获的将是班级的和谐、团结和奋进，还有班主任管理工作的高效和省心。

青岛电子学校　赵琳

我们班没有垃圾桶

> 一只南美洲亚马逊河流域热带雨林中的蝴蝶，偶尔扇动几下翅膀，可以在两周以后引起美国德克萨斯州的一场龙卷风，这就是"蝴蝶效应"。在班级管理中，班主任要抓住每一件小事，给予学生鼓励和引导，充分发挥"蝴蝶效应"的正面影响。
>
> ——题记

一天，卫生部检查卫生的同学说："老师，你们班垃圾桶周围不干净。"我找到倒垃圾的同学，他跟我抱怨："老师，同学们扔垃圾，都图省事，坐在座位上往里扔，有的就没有扔进垃圾桶。"我观察了几天，确实如此。于是，每次走到垃圾桶的时候，我就把周围的垃圾捡起来扔进去。有些同学看到我这样做，刚想隔空抛物，就不太好意思了，只好走到垃圾桶旁规规矩矩地扔垃圾。可是好景不长，我不在班里的时候，垃圾桶周围还是"天女散花"。

我一怒之下，通知全班同学，以后我们班没有垃圾桶了。既然大家不爱惜别人的劳动成果，那就自己制造的垃圾自己解决吧。同学们面面相觑，没有垃圾桶怎么过日子。起初，有些同学把垃圾扔在自己的位里，有的放在自己座位旁边，可是垃圾围在周围的日子并不好过。有些同学开始自带垃圾袋，把垃圾收在垃圾袋中，放学后自己带走。这下值日倒垃圾的同学可高兴了，因为他"失业"了。

孔子曰："其身正，不令而行；其身不正，虽令不从。"在这期间，我还是不停地在班里溜达，不停地捡起掉在同学课桌旁的垃圾。每次捡起垃圾，我就交给那个同学，他都不好意思地放进自己的垃圾袋。再后来，有的同学觉得收垃圾好像更麻烦，索性就减少吃零食的数量，这样制造的垃圾数量大幅减少，开始几个人用一个垃圾袋。而同学们也像我一样，走走路突然就弯下腰，因为地上有垃圾。在每周的班会总结上，我也就这个问题表扬了主动捡起垃圾以及把垃圾整理好自己带走的同学。

就这样，班里的卫生越来越好，也没有垃圾桶残留的气味，这个习惯也一直坚持到毕业。当这个班的毕业生来到我刚接的新班的班会上做经验介绍时，第一个问题就问同学们："咱班有垃圾桶吗？"同学们都摇头，大声说："我们班没有垃圾桶！""这就是'周氏'风格。"我的学生无不自豪地说。

因此，班主任要善于利用榜样的力量，走到学生中间，积极参与到学生的日常行为中去。劳动时和学生一起动手，开会时和学生一起听讲。这样学生就会不自觉地模仿，从而不断修正自己的行为。班主任也要发挥同伴的示范作用，随时记录学生生活中的闪光点并进行表扬。要让每个学生都成为一只令人称赞的美丽的"蝴蝶"。

【教师感悟】

《中等职业学校学生公约》中要求学生"爱劳动，图自强"。作为班主任，应该引导学生尊重他人劳动，珍惜劳动成果。对于班级垃圾的处理就是其中一个方面。一个好的、微小的机制，只要正确引导，经过一段时间的努力，将会产生轰动效应。

青岛电子学校　周瑛

如何增强班级凝聚力

有的新班主任就如何增强班级的凝聚力而感到手足无措，觉得无处下手。亦或是从表面看班级管理井然有序，整齐划一，但是学生的心却聚不到一起，整个班级没有朝气，没有斗志。问题出在哪儿呢？

——题记

军训开始了，除了热还是热，感觉树叶都懒得动一下。

这种情况下，必须让学生多喝水。

学校为每个班级配备了大桶水，但是必须由每个班级自己去搬。在我询问"谁愿意主动为大家搬水"时，竟然只有四五个同学举手。到中午午餐时，当我询问"谁愿意为同学们抬饭"时，就只剩两三个同学举手了。从这两件小事我就看出，班级凝聚力的建设将是我目前需要第一个解决的问题。

马车跑得快得靠蹄儿甩得开。班级的凝聚力、班级的发展要想有好的效果，关键得有千里马在前面带队。因此，我得打造得力的班委。

几个十五六岁的孩子要想把班级的事务都处理得井井有条是很难的，所以班委不能只是选出来组建好就行了。要想有战斗力、执行力，就必须精心打造好。

在选出十多个愿意为班级、为同学服务的班委后，我就开始了精心培养。

培养是多方位的，既有思想、方法上大局观和奉献精神的塑造，也有实践中管理方法、监督技巧的传授。为了让班委有更好的总结、进步，我每周五下午都召开班委会，大家及时汇报一周工作中的得失，对于不好解决的问题，我们共同研究措施。

在这个过程中，总有班委有畏难情绪，因为总有个别同学不服从管理，同为同学的班委也无可奈何。比如，刘同学对于打扫卫生总有意见，老是觉得自己干得多。我知道，出现这样的问题，只有我能解开这个结。我必须给班委树立威信，我召开专门主题班会，让同学们明白班里的工作就是班委说了算；当然，班委有做的不合理的，同学们也可以找我反映，我督促改正。

除了打造得力的班委，还必须树立班级的集体荣誉感。我带领班委组织同学们积极参加学校各项比赛活动，无论是班级的还是个人的，我们都积极参加。赛前班委全力组织训练，赛中班委全程参与，并组建啦啦队，赛后也由班委组织总结。

开学短短两个月，在这支已有雏形的班委队伍的带领下，大家有活一起干，有事一起扛，班级的凝聚力明显增强。

【教师感悟】

班级的管理千头万绪，不怕有问题，不怕出问题。在班级凝聚力的打造上，一定要发挥班委的作用，带头作用发挥好了，班级就会积极向前。

青岛电子学校　林嘉青

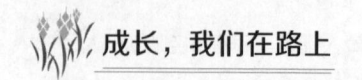

知为先 行为重

> 大多数学生不会做你希望的事情，他只会做你要求的事情；学生不会做你要求的事情，他只会做你检查的事情；学生不会做你检查的事情，他只会做他养成习惯的事情。那么，怎样才能养成良好的行为习惯呢？
>
> ——题记

八月的青岛，是炎热的，当我怀着一颗热情的心到操场领新生的时候，透心凉的感觉瞬间产生：面目全非的队形、热火朝天的聊天、随意打闹的举动……

行为产生，其实就是学生习惯的体现，所以，我暗暗决定，这一届，在教会学生掌握一定职业技能的同时，要采取行之有效的措施，加强学生日常行为习惯养成的教育，不断促进学生综合素质的提高。因为，教育就是培养习惯！

叶圣陶说："教育是什么？往简单方面说，只需一句话，就是要养成良好的习惯。"学生犯错接受批评，这本是天经地义的事情，但现在学生似乎并不买账，更有甚者还会顶撞老师。开始我很困惑，为什么学生犯错了还不肯承认错误，难道是道德品质有问题？后来渐渐发现，原因很简单，就是他们大多数人根本不知道那样做是错的或者是不合适的。

某日，小浩又在自习课上大声讲话，班长管纪律时，他振振有词地强调这是自习课呀，又不是上课。后来在和学生聊天的时候，很多学生都认为自习课和上课不一样，说话没什么。发生这样的事情，不是说学生没有纪律意识，而是因为他们对课堂的概念模糊。所以，告诉他们什么样的做法正确、什么样的做法错误要比单纯的批评有效得多。比如自习课上学生跟老师请假去上厕所，但上完厕所后又去了小商店买饮料，值班老师发现后，批评时学生还会理直气壮地说他已经请过假了。他心里就不知道请假要讲明缘由，经同意后只能做相关的事情，不能再去做与此无关的事情。所以，发生问题时，我总会先说这件事怎么做是正确的，然后让学生对照自己的行为做自我分析，之后再做出结论，进行针对性的教育。这样，就会避免一味的批评引起不必要的逆反心理，而且在教育的过程中学生还学到了有用的东西，教育的效果明显有所提高。

朱熹说："论先后，知为先，论轻重，行为重。"因此，对学生进行行为习惯养成教育应该首先从学生的认知出发，让学生首先明确什么该做、什么不应该做。要加强对《中学生日常行为规范》《中学生守则》及学校相关的规章制度的学习，结合中职学生的实际，从学会学习、学会做人、讲究文明、注重仪表、注重卫生、注意安全等方面制定切实可行的中职生行为规范和一日常规，让学生明确做什么，为什么要这样做，以及如何去做。在学生充分认知的基础上，按照循序渐进的原则，对养成教育常抓不懈，既不能大刀阔斧，又不能快刀斩乱麻。在日常教育中，要有耐心，能指导，善指导，看到学生逐步成长的动态过程，同时加强监督，注意学生日常行为表现的反复性，对好的行为及时发现、及时表扬，及早批评、制止或纠正不良的行为习惯，注重信息反馈，促使行为习惯养成教育经常化。

【教师感悟】

一只木桶盛水的多少，主要取决于最短的木板，而不取决于最长的木板。人的失败往往是由自己的某种缺陷所致。那么，好的习惯就是人们走向成功的钥匙，而坏的习惯是通向失败的敞开的门。作为一名班主任，对于学生好习惯的养成可以大有作为，要补齐学生人生的短板。

青岛烹饪学校　李欣

成长，我们在路上

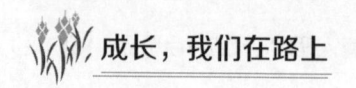

溢出来的垃圾

> 润物无声，才是最好的教育！
>
> ——题记

故事要从每天的垃圾桶说起……

每天早自习我都会习惯性地打开后橱，检查一下里面的垃圾桶。教室里的垃圾桶经常是满的，可上早自习的孩子谁也不会理睬，而我每天看到溢满的垃圾桶，都会独自生闷气。这天进入班级，孩子们大约到了一半，收作业的、读书的、吃早餐的……我顺势走到后橱垃圾桶一看仍是满的，我大吼一嗓子："今天谁倒垃圾？"这时班上的同学都回过头来望着我，值日生胆战心惊地站出来快步走到我面前："老师，是我"。我看着值日生生气地说："不知道自己是值日生，这点事情都做不好？"值日生一声不吭，拎着垃圾桶快步走出教室，看着她的背影我无奈地叹了一口气。调整一下呼吸和情绪，我走到讲台上，开启了一天的苦口婆心模式："亲爱的同学们，生活在教室里，美好的环境需要大家共同呵护，试想一下大家都把垃圾扔在桶外面，很容易滋生细菌，对每位同学的健康都不利。再说了值日生一定要及时清理垃圾。"孩子们都惭愧地低下了头……

中午到教室看学生吃午饭，我发现垃圾又一次溢出来了。抑制不住内心的怒火，我大怒道："一上午的功夫，垃圾桶怎么又满了，卫生委员过来。"我训斥道："知道自己是干什么的吗？""知道。""知道还能让垃圾溢出来？不是早上刚讲完，这么快就忘了？回去写不少于1000字的检讨，下次再出现这样的情况，你们就别干了！"卫生委员委屈地说："老师，这个光指望我们不行啊，同学们不保持照样白搭。"听着她的话，想着这孩子明摆着在推卸责任，让我更加生气。于是，我做了一个重要决定："大家都停一下，如果下次再让我抓到乱扔垃圾，就扣除一学期的量化"。孩子们听了在底下窃窃私语，我心想这回怕了吧。走出教室我舒了一口气，窃喜问题就这样轻松解决了。

第一章 创新育人理念 打造特色班级

第二天，打开橱门，一股臭气扑鼻而来，当溢满的垃圾桶再次出现在眼前时我彻底傻了。我捡起丢在外面的奶茶瓶子，想找出上面的订单信息，但电话却被撕掉了。看来这帮孩子早有提防。我必须找到问题的症结所在，彻底解决垃圾桶的问题。看着溢满的垃圾，我陷入了沉思，静静地找了位置坐下。忽然小舒带着她的早饭懒洋洋地来到教室。她一口一口津津有味地吃着。喝完了奶茶，就往脑后一扔，"嗖"的一声，垃圾掉到了垃圾桶旁。坐在垃圾橱旁的瑶瑶看到这一幕，跑到小舒面前生气地说："真脏啊！你应该把垃圾捡起来。"而小舒却摇了摇头说："值日生会扫掉的。再说了你怎么不捡起来？"瑶瑶小声嘀咕："恶心死了，我才不要呢！"瑶瑶刚说完，小舒就白了她一眼，又吃着早餐坐到自己的位子上去。也许她们都没有注意到我。这时值日回来的心怡看到垃圾桶满了，正准备去倒掉，站在她身边的雅轩连忙拉住心怡，摇了摇头说："不要去，不要去，值日生和卫生委员会清理掉的。而且老远就能闻到一股恶心臭烘烘的味道。捡了的话，不知要洗多少遍手！"心怡听了，觉得很有道理，便点了点头坐了下来。

这时候，我径直站了起来，走到垃圾桶旁，捡起散落的垃圾。我说："孩子们都来闻一闻吧，按学号排好队。"每个孩子闻后，都捂着鼻子说："太难闻了，恶心极了。"我没有说什么，待同学们都坐好，我带着值日生默默地把发臭的垃圾清理干净。而今天的早自习也显得无比的安静。从那以后，后橱的垃圾桶再也没有溢出来过……

再后来，我批阅学生周记时，学习委员的周记引起了我的注意：

我们的第一次相识是在炎炎夏日的军训，她一头微卷的长发，穿着一身深蓝色的长裙，显得知性而端庄，给人如沐春风的感觉，那挂满笑容的脸让人瞬间就亲近起来，而她的确也是这样的人。记得那天早上我们吃完饭后打扫着班里的卫生区，赵老师忽然走过来："在家是不是不经常干活啊。来，给我！"说着就拿起扫帚开始扫起地来："要像这样把腰弯下去扫才能扫干净。"记得有次早晨她亲自带着同学清理馊掉的垃圾……上这么多年的学，很少见有老师这样的亲力亲为，我从一开始就认为她和别的老师不一样……"

什么样的话语对学生最有效？也许并不是恶狠狠的话语就一定有效。苦口婆心的话语呢？世界上苦口婆心的母亲太多，而真正听话的子女却又太少。所以对于学生的行为规范管理，一开始我采取的是扣分、是惩罚，这种靠堵的办法永远解决不了问题，而且也没有让学生意识到问题，更别说改正。另外，作为班主任，遇到问题也没能发挥作用，没有看到问题的本质所在，一味地责怪值日生和卫生委员，这在一定程度上让其他学生感觉到溢出的垃圾跟自己没有关系，问题一直停留在表面，而没有真正解决。当我们换个角度不再责备，让每个学生切实感受到恶臭的垃圾其实就在自己身边时，孩子们就会真正懂得其中的道理。

【教师感悟】

"环境影响人，爱的教育塑造人。"从一定意义上讲，教育最大的成功便是让学生养成良好的行为习惯，铸就利于学生终身发展的优秀品质，给学生的终身发展积累宝贵的人生财富。学生的不良习惯改变多少，优秀品质培养多少，未来的事业就会成就多少，所以身体力行，教育此时无声胜有声！

青岛幼儿师范学校　赵如

我和我的祖国

做人最大的事情就是要知道怎样爱国。

——孙中山

"我和我的祖国，一刻也不能分割。无论我走到哪里，都流出一首赞歌。"每当听到这熟悉的旋律，我都会想起同学们高唱这首歌的情景。

这天语文课上正好学到了一篇关于屈原的文章，我找几个同学排了一部屈原投江的话剧。当表演到屈原在楚国国都被占、满怀悲愤毅然投江时，有些同学偷偷笑了起来。有的说屈原太傻了，好死不如赖活着，大不了回家种地。有的说他可以去其他国家，何必投江。这些话让我心头一震，屈原是一位爱国诗人，他对国家的感情很深。而现在的孩子对于国家的情感却有些淡薄，他们没有意识到"没有国，哪来的家"。

我们应该怎样对学生进行爱国主义教育呢？播下种子，才能收获成长。

经过一个星期的筹备，我召开了"我和我的祖国"主题班会。导入部分，我播放了电影《战狼2》中主人公高举国旗，当地武装纷纷给我们让行的情景。同学们纷纷竖起大拇指：真牛！只有祖国强大了，我们才能有尊严，才有幸福感。

第二个环节讲述爱国故事。祖国怎样才能强大呢？课前我分组布置了讲述爱国故事的任务。大家一一展示，有文天祥、岳飞、戚继光、钱学森，等等。有的同学提出这些都是名人、大科学家，他们都有大本事，所以能为国家做事情。我们就是普通学生，而且现在也不需要我们抛头颅、洒热血呀。

第三个环节，我播放了《厉害了，我的国》的视频，无数劳动者在普通的岗位上进行着平凡的劳动。同学们体会到祖国翻天覆地的变化也有普通劳动者的功劳。当第四个环节：我们身边的爱国者出现时，班里同学大呼意外，原来，来的是同学们的爸爸妈妈、哥哥姐姐。家长们从自己的行业入手，说出他们爱国的方式。有的家长说：我是一名公交司机，每天能把乘客安安全全送回家就是爱国；有的家长说：能够帮助邻居老人做点力所能及的事就是爱国……有了家长团的助威，同学们也被鼓舞起来，纷纷发言。有人说，我身体健康，年年运动会拿奖，锻炼好身体为国效力，这就是爱国。有人说，我是管乐队队长，组织好大家的训练，让大家享受音乐带来的快乐就是爱国。有人说，我在广播站工作，每天按时给大家广播，热爱这个岗位就是爱国。有人说，我学习好，多读书，增长知识，将来建设祖国就是爱国……

是的，我们都可以从身边小事做起，努力学习，积极锻炼，学好技能，这些都能为实现中国梦加把劲。祖国就在我们的身边，我们的生活也和祖国时刻联系在一起。

最后大家提议一起唱《我和我的祖国》，虽然我们没有红领巾，但是我们每个人都有一颗为祖国做贡献的红心。歌声响彻教室，孩子们心中的爱国热情被点燃，他们眼中闪烁着自豪的光芒，也闪现着坚定的信念，他们要用自己的双手为建设祖国添砖加瓦，为实现中国梦而贡献自己的力量。

成长，我们在路上

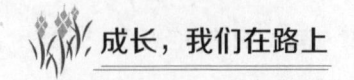

> 【教师感悟】
>
> 习近平总书记在全国教育大会上指出：要在厚植爱国主义情怀上下功夫，让爱国主义精神在学生心中牢牢扎根。一次班会也许不能让根扎牢，但我相信，种子已经开始发芽，只要我们用爱心浇灌、用细心培育，爱国的信念就一定会长成参天大树，扎根大地，仰望苍穹。
>
> 青岛电子学校　周瑛

我在办公桌上放了一面镜子

> 教育，包括有声的教育和无声的教育，也就是我们经常说的言传身教。但是，实际上可能说比做更容易些，所以我们总是愿意给他人讲道理。心理学告诉我们："人们习惯的是跟着你做，而不是听着你说。"
>
> ——题记

那年我带的是一个春季高考班，到高三第二学期时，全班同学都面临着春季高考的压力，尤其在技能考试完后，班上好几个同学得了麻疹、水痘等疾病。因为属于传染性疾病，疾控中心派人来我们班调查，要求我们班需要不断消毒，甚至后期要隔离上课。高考在即，学生、家长都很焦虑，学生也不断出现感冒症状。校医说这是因为压力太大而导致抵抗力下降。而我也是第一次遇到这种事情，感觉自己越带越累，每次走进教室，看到学生们一脸的疲惫，我也不禁皱起眉头。任课老师也反映学生们听课效率不高，情绪消沉。于是我逐个与学生谈心，从学习态度说到学习方法，可是没有效果。"看你们师生脸上紧张的表情，这样的状态怎么能把事情做好？"旁边经过的一位老教师无意中的一句话点醒了我。

记得罗曼·罗兰曾经说过："我们无论做什么事情，都要以这件事本身的目的为目的，才有成功的可能性。"如今面对高考，我们应冷静面对，所有出现的这些状况都是一些干扰因素，我们应抛开这一切，为我们最后的高考做准备。

我决定从改变自己开始。首先,我在办公桌上放了一面镜子,每次去教室之前都带着微笑出发。其次,我从高一到高三的班级活动照片中挑选出有同学们灿烂笑容的照片,将它们都洗出来,轮换贴在教室后墙上,每周更换一批。最后,利用中午午饭到午休那段时间,在教室播放网上下载的材料:"多年以后,再想想高考,其实本质上没有考得好坏之分,而是所有人在一起做同一份试题,然后决定你去哪个城市,今后和谁相知、相爱,和谁能走一辈子,和谁一起去旅行,不管怎样,故事一定都是美好的,所以备考的大家不要担心。"之后的时间里,我每天抽出十分钟左右的时间请大家分享自己的一张"笑容"照片,讲述一个关于照片的故事。渐渐地,任课老师反映,上课气氛变了,不再是以前那种压抑的感觉了。看着同学们脸上洋溢着的笑脸,我自己也在默默地开心。

幸亏我们调整的及时,那年我们的高考成绩相当出色。

【教师感悟】

心理学家告诉我们,不止认知能够改变行为,行为反过来也会影响认知。当我们开始微笑的时候,我们的心态也一定会随之改变;只有当我们的心态摆正了,我们才有机会站得更高、看得更远;只有当我们的心境真正平和了,我们的教育理念才能真正改变。许多时候,我们只要用一个行动改变一个习惯,事情就会向好的方向发展。

青岛电子学校　郑杰

共克时艰　不负韶华
——高二年级网络班会

长风破浪会有时,直挂云帆济沧海。

——李白

乙亥去,庚子至。2020年的春节,一场突如其来的新冠肺炎疫情打乱了所有中国人的节奏，也就是在这场疫情中，每个人都如此深切地感受到个人和国家的不可分离。原来，国家离我们并不远，跟每个人息息相关。大批医生前赴后继赶赴中心疫区，尽管都知道危险、困难重重，但"逆行者"们义无反顾。各行各业的人积极响应国家号召，我们每天都可以看到很多感人的故事。

受新冠肺炎疫情影响，同学们都被要求待在家中，但是我们不是坐享其成者，我们是一个公民、一个参与者，在国家危难之时，如何让学生理解"'我'在哪祖国就在哪，'我'怎样祖国就怎样呢？"我决定利用网络召开一次名为《共克时艰　不负韶华》的主题班会，借此来激发学生树立正确的世界观、人生观、价值观，厚植爱国主义情怀，体会责任的意义，提高居家学习的主动性和效率，帮助学生怀爱国情、立强国志、践报国行。

我们第一次尝试使用信息化手段（QQ在线课堂）进行网络班会，没想到学生的积极性极高，或许是因为好久没有见面，或许是学生更愿意接受这种新型的班会形式，他们在网上似乎更善于表达自己。

整个班会我共设计了四个环节。

【第一环节　情境导入】关心疫情　心系人民

通过在线课堂，师生一起了解了当前全国疫情形势，感受在这场防控疫情的战役中祖国和人民的努力，白衣战士的寒风逆行、爱心人士医疗物资的无偿支持、承建工人的义无反顾、志愿团队的牺牲奉献，这些"最美逆行者"让学生感受到了人民的担当责任、社会的众志成城、祖国的繁荣昌盛，从而引发学生思考："我"是国家的一员，"我"和社会、和祖国是什么样的关系呢？

【第二环节　理性思考】生命与责任的关系

通过网络、电视和自己身边的所见、所闻，相信大家会有很多感想。这个年龄段的学生，已经会想很多东西了，思想在逐渐成熟，但有一个问题是需要仔细考虑：自己要成为一个怎样的人，以及生命与责任的关系。

结合展示疫情期间的文字材料和图片材料：

（1）解读中学生应该具备的"国家认同""珍爱生命""社会担当""自我管理"等素养，进一步理解生命的内涵与价值、责任的内涵与意义。

（2）引发思考，战"疫"中我们应怎么做。引导学生讨论并强调在寒假中"自我管理"不只是在"健康生活"方面，而是在方方面面，包括学习与能力的提升。

【第三环节　结合实际】我们在行动

学生分享在疫情中看到的、感受到的其他人的努力，如分享了武汉方舱医院中为了高考努力拼搏的女孩，为了考试而坐在马路边复习的"小通"，结合我们的实际，谈一谈自己能做些什么、该如何做。

【第四环节　班会小结】只争朝夕　不负韶华

在灾难面前，我们每一位老师、每一位家长、每一位学生必须真正地做到"风雨同舟、携手共进"。社会即课堂，生活即教育。我们需要共同面对、共同讨论、共同参与、共同承担，在教学条件变化、交流空间变化中把疫情、灾难当成教材，把我们应该做的、能够做的、通过努力能够做到的事情，做到最好、做到最佳，保持良好的、积极的心态，共同完成这场生命教育、信念教育、科学教育、道德教育，在抗击疫情的战役中进一步树立和塑造正确的世界观、人生观、价值观，培养学生坚忍不拔、从容不迫的奋斗精神和赤诚仁爱、胸怀天下的家国情怀，真正与祖国一起成长，在灾难和不幸面前，让灾难见证我们坚定成长的足迹，让不幸成为通向幸福的桥梁。

最后，用问题引发大家的思考，再次深思生命与责任的关系，结束班会。

【教师感悟】

在这个特殊时期，距离并没有阻挡师生的交流与互动，科技和信息技术的进步使师生的情谊跨越时间和空间。在融洽、和谐的交流氛围中，我们"手拉手，心连心"，把课堂延伸到社会，把社会引入课堂，交流分享在这场全民防控疫情的保卫战中，我们作为学生、子女、市民和未来职业人的责任，深刻理解了生命的内涵，感受到了祖国的强大与繁荣，激发我们为实现中华民族伟大复兴的中国梦的奋斗之心，为祖国不断强大而奋斗的爱国之情，努力转化为积极投身到学习和生活中的报国之行。

青岛幼儿师范学校　李文毅

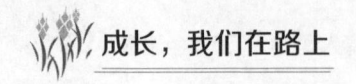

一堂别开生面的禁烟班会

"顽症"不是"绝症",我相信总有一种"药方"能治愈它。

——题记

中职学生抽烟是令人头疼的顽症之一。

说教吸烟危害,乏力!虽然每一包香烟上都写着"吸烟有害健康",可学生照样吞云吐雾;虽然每一次班会都讲到香烟里含有多少有害物质,但学生却以吸烟长寿者比比皆是来应对;每一次刚签完"承诺不吸烟",好多学生就抵不住诱惑,找个角落,偷偷地拿出香烟吸起来,哪怕闻闻,也令人陶醉。

动用"武力"禁烟,无用!逮住吸烟者,让他们把整包香烟一次性抽掉,哪怕当场被熏得泪流满面也未见悔改。中职生抽烟真的那么难治?非也!这不,"禁烟"主题班会又要开始了。我下定决心一定要把这次主题班会开好。可是,我知道语言有时苍白无力,经过几天的冥思苦想,我终于想出一个办法,事实胜于雄辩,用事实说话。

禁烟主题班会分三部曲进行。

第一部:用图片说话。先出示几张健康的肺的图片。同学们好奇地欣赏着,有的还摸着自己的胸口。接着是几张"烟熏火燎""千疮百孔"的被香烟毒害的肺的全方位图片。我清楚地看见女生捂住了眼睛,男生艰难地咽着口水。

第二部:用视频说话。我给同学们播放了肺病患者的痛苦片段。这些视频有些残忍,但是苦口良药。我偷偷观察,那几位"烟民"在窃窃私语,我想他们不是在说"照吸不误"吧?

第三部:让图片伴你左右。我给男生每人两份"香烟肺片"的彩色图片,一份贴在课桌表面上,一份贴在宿舍或家里,目的是起到时时提醒、处处警示的作用。

禁烟班会开了,但不知效果如何。两周后的一个下午自习课,我在征得男生的同意后，突击搜查了他们的全身和课桌，竟没有发现一根香烟。我又带着他们去了宿舍，把他们的宿舍检查了一遍，也没有发现香烟。"你们真戒烟了？"我用怀疑的口气问。"能不戒吗？您那一招真够狠。我现在看到香烟就恶心，想起来就害怕，我们可不想吸了香烟而坏了肺啊！""放心吧，老师，我们会克制自己的。就算以后毕业，某些场合免不了，我们也顶多让浓烟在嘴里转一转就算了。这年头身体是革命的本钱。"一个学生故作老成地说道。

观他们的行动，看他们的样子，至少他们现在真的戒烟了。现在看来，那堂别开生面的禁烟班会确实有了一定的效果。

【教师感悟】

不管问题有多难，肯定有解决的办法。作为教育者，在教育过程中我们要善于动脑，会用巧劲。在教育手段上不能一贯性、单一性，而要常变常新。

青岛电子学校　赵琳

巡寝记

荀子曰："不闻不若闻之，闻之不若见之，见之不若知之，知之不若行之。学至于行而止矣，行之，明也。"

——题记

吃完早饭，我准备去教室跟晨读。当我大步流星走过三楼平台时，不经意间扫到了贴在拐角处告示栏上的通报批评，宿舍扣分通报的班级有：2018级3班407宿舍……硕大的字如同一盆冷水从头浇到脚！我抑制不住内心的怒火，快步朝班级走去。来到教室，走到生活委员安安的身边，轻轻拍了拍她，示意她跟我出去。安安看着我，嗫嚅着问："老，老师怎么啦？"我纳闷地问她："今天的通报，你怎么看？""老师，是这样的，407宿舍同学都是起床困难户！"我打断了她："明天6点半等我一起去巡查宿舍！"

第二天早晨6点钟我准时来到了宿舍，叫着安安一起敲开了407宿舍的门。推开门，一幅大梦初醒图映入眼帘。其他的宿舍都洗刷好准备早操了，而407的8个孩子才刚从被窝里露出头。她们一个个睡眼惺忪，惊讶地问道："赵老师，您怎么来了？"我故作轻松地说："叫你们起床啊！"她们立马坐起来笑着说："马上起来哈。"起床后，我督促她们收拾好内务，留下一名同学值日，其他同学早操。在我们的帮助下，407宿舍虽然没有提前多少时间出宿舍，但是大家都准时参加了早操，宿舍内务也按时整理到位。接下来的一个星期，我每天坚持6点半准时到达407宿舍。在我们的监督下，407宿舍也连续一周没有扣量化。

一天早上醒来，发现外面下了好大的雨，我嘀咕着雨天不会出早操了，是不是不用再去407了？翻了个身，我决定继续巡寝。我想象着407宿舍的姑娘们肯定还在呼呼大睡。可当我来到宿舍，推开门后发现8个姑娘已经洗刷完在整理内务了。她们看着被雨淋湿的我，惊讶抑或有些心疼地说："赵老师，看您都淋湿了。""赵老师，明天您不用再来了，我们会做好的……""赵老师，给您毛巾擦一下头发吧……"听着她们暖心关怀的话语，不知是泪水还是雨水，从脸上滑落到嘴边热乎乎的，心里暖暖的。我笑着说："好的，明天巡寝结束啦！"

那天晚上回到家打开手机后，一条微信映入眼帘："赵老师，白天看着淋湿的您，好心疼。以后您不用再天天叫我们起床、帮我们整理内务了。相信我们会做得更好！爱您的407！"看着这条微信，我的眼睛有些模糊。

【教师感悟】

俗话说："世界上最可怕的力量是习惯，世界上最宝贵的财富也是习惯。"在人的一生中，良好的行为习惯使人受益终生。我想，在学生良好行为习惯养成的过程中，知之不若行之。冰冷的说教不如我们一起前行，唯此才能让文明习惯之花开满整个班级。

青岛幼儿师范学校　赵如

第一章 创新育人理念 打造特色班级

我不喜欢告"小状"的班干部

> 俗话说：火车跑得快，全靠车头带。班干部是班级的灵魂人物，是班级的顶梁柱，有一支积极上进的班干部队伍，这个班级的发展就会蒸蒸日上。
>
> ——题记

2014年我接手了一个生源来自全省各地的3+4班，这个班学生的学习成绩差别很大，如果没有一个有能力的班委协助我，学生的管理将出现问题。军训时我初定了几名班级的临时负责人，军训结束时，根据军训中的表现我又对临时负责人作了一些调整，让他们开学后负责班级的一些管理事务，同时也欢迎有参与班级管理意愿的同学主动报名。没想到，学生的管理积极性还挺高，一共有14名同学参加了班级的临时管理。

一个月后公开竞选，竞选之前我先跟同学们达成共识：做班干部不是出风头，是为老师和同学们服务的，是正直和勇敢的表现，是自我发展的好机会，每一位竞选者都应受到尊重。同时我也告诫即将选出的班干部"要想让别人接纳你，你的心里首先得装着别人"。之后是竞选人述职，班级投票，我根据学生特长指定他们负责的具体工作。这种选举充分尊重了学生的权利，有利于班干部后期开展工作。

班干部选出来后，培养是关键。多年的班主任工作让我感觉组织活动就是促进班委成长的有效途径。

2014级学生入校一个多月就赶上了中秋节，由于很多学生家远回不去，只能在学校过节。班长和团支书来找我说他们想过一个有意义的中秋节。我让他们自己去想。第二天，他们说想去离学校不远的老年公寓，为那里的老人做点事情，比如帮忙打扫一下卫生。我说想法很好，你们可以自己去联系。他们一听要自己与社会打交道，露出了畏难情绪。我就鼓励他们："我们是去做好事，人家肯定欢迎的。"放学后，他们班委中的几个人就去了老年公寓，晚上团支书很兴奋地给我打电话，说人家很欢迎，但是不需要我们打扫卫生,他们有保洁,他们想让我们为那里的老人和工作人员表演节目,让老人们乐呵乐呵,也让工作人员放松一下。第二天孩子们就开始报节目,全班都动起来了。中午,团支书拿着节目单给我看,我说让走读的同学拿着节目单回家征求一下爷爷奶奶、爸爸妈妈的意见。第二天孩子们来找我,说家长认为这些时下太流行的歌曲、舞蹈等节目老人们可能看不懂、听不懂,也不感兴趣。于是孩子开始学唱老歌、红歌,学跳老舞蹈,练武术,吹笛子,好不热闹。来到老年公寓那天,孩子们个个表现得都很棒,他们不仅表演节目,还陪老人聊天,喂他们吃水果,也从工作人员那里了解到照顾老人的不容易,需要极大的爱心和耐心。从此,我们和这所老年公寓结成了对子,孩子们会定期去探望那里的老人。这次活动的成功举办,不仅锻炼了班委的工作能力,增强了他们的自信,也初步树立了他们在班级中的威信。

活动能增强班级的凝聚力,而班委之间的团结是班级凝聚力的可靠基石。我告诉他们我不喜欢告"小状"的班干部,班级出现问题,需要班委商量解决。有时我还会让班干部轮岗,让每个人体会不同岗位的不易。所以他们更团结,执行力更强。在高二下学期,我去参加省里的一项重要活动,要封闭20多天。出发前接到了学校举行纪念五四青年节首届合唱比赛的通知。我正在考虑这个比赛,班委全体成员来找我,他们说:"老师,您放心去工作,我们各方面都会好好的,您就等着回来听喜讯吧!"于是我和他们失联了20多天,等我一回到学校,班委几个同学纷纷来看我,呈现在我眼前的是校首届合唱节比赛一等奖和最佳表现奖两面锦旗。帮我带班的老师跟我说,班委太给力了,他们自己选歌、设计队形和动作,利用早自习和下午自习课组织全体同学练习,还请音乐老师给他们指导,他们非常团结,说一定要给我一个惊喜。我欣喜的不仅是两面锦旗,更高兴的是班委的成长和全班同学的团结。

在这届班委中,有5人获得了青岛市优秀团员、优秀班干部、最美团支书等称号,还有一人获得山东省三好学生。但我的班长不要任何荣誉,却被同学们称为最有责任感的班长。每次我上晚自习,他都会在放学后陪我到办公室,等我收拾好东西,他帮忙关灯断电、锁好门,把我送到校门口,再回宿舍。他和其他同学一起把班级里的事情打理得井井有条。毕业时我感谢他三年来为班级所做的一切,他却跟我说,他始终牢记着我高一时跟他们说的那句话:"要想让别人接纳你,你的心里首先得装着别人。"也正因为他真诚地对待班级的每一个同学，也收获了那么多的友谊，更锻炼了自己的能力。现在，他是青岛科技大学自动化与电气工程学院的导员办公室助理委员会主任，是老师的得力助手。

【教师感悟】

　　在班级管理中，对班干部的培养关系到班级的发展与成长。一个能力强、有威信、班级工作得心应手的班委会使班级更有正气，班级会更加融洽。所以，班主任要加强对班干部的选拔和培养，有时班主任需要手把手地教，有时需要让他们悟，有时需要放手让他们干，有时需要帮他们查漏补缺，甚至要承担一部分责任，而有时关键的一句话就能点醒梦中人。班干部本身就是一些比较优秀的学生，所以皮格马利翁效应在他们身上会非常有效。

青岛电子学校　　王爱玲

播种习惯　收获成长

　　什么是教育？简单一句话，就是要培养良好的习惯。

——叶圣陶

　　我带的计算机应用专业的40个男生已经入校一个月了，但是却不断出现状况。"你们班某某又迟到了。""某某上课说话。""某几个学生打架了，你到学生处来一下。"这几天任课老师和学管老师不断地在我耳边轰炸。我观察到这几件事总是集中在几个不爱学习的捣蛋鬼身上。我也批评他们了，甚至联系了家长，但效果都不理想，他们依然我行我素，让我很头疼。但是一个偶然的机会，让我找到了教育的契机。

　　那是一次语文课。内容是讲授曹禺的著名话剧《雷雨》，我让大家分角色朗读，我发现平时调皮捣蛋的几个人还挺感兴趣，演得有模有样，于是我灵机一动，计上心来。

　　我宣布："下周我们班进行话剧比赛，剧本内容要求以同学们日常不良行为习惯为素材，优胜团队获得加分奖励，算入学期总成绩。"当我说完这些话，这几个捣蛋鬼开始窃窃私语起来，"我得演老师，剧里最厉害的角色，过过教育别人的瘾。"另一个学生说："我演学生，学生最好演。"

经过一个周的准备，话剧比赛开始了。

镜头一 迟到学生推门而入，坐下就开始吃早饭，无视老师的存在。老师问："你为什么迟到了？""老师，我肚子疼，拉屎时间太长了。"全班哄堂大笑。

镜头二 上课期间，一个同学和隔着一排的同学说话，老师制止他，这个学生振振有词，说："我们在讨论问题，讨论中午吃什么。"

镜头三 两个同学因为口角挥了拳头，老师来劝架，结果不小心老师挨了拳头。

演完之后，全班同学评出了优胜组，是那个演自己迟到的同学，大家说因为他演的太像自己了。这个同学的脸一下子就红了。那个演"小老师"的同学也叹了口气，说："学生太气人，当老师不容易。"

过了几天，我请已经毕业的学生做了一个关于遵守企业规章制度问题的分享，师兄们的现场说法明确地表明了用人企业对于迟到等不良习惯的处理方式。我看到那几个调皮鬼脸红了，默默地点了点头。

从此以后，这几个孩子的违纪现象越来越少了。每天下午自习课，我总结当天行为习惯保持很好的同学，越来越多地念到了这几个捣蛋鬼的名字，每一次被念到名字，这几个同学的腰杆都故意挺了挺，一脸的自豪。

苏霍姆林斯基说："只有能够激发学生去进行自我教育，才是真正的教育"。自我教育的过程也是一种提高自我认识能力、自我控制能力、自我调节能力的过程，这是促进学生培养良好习惯的内在动力。要让学生在错误中成长，在自我教育中历练。

【教师感悟】

美国著名教育家曼恩说：习惯像一根缆绳，我们每天给它缠上一股新索，要不了多久，他就会变得牢不可破。播种行为，收获习惯；播种习惯，收获性格；播种性格，收获人生。我们要帮助学生播种良好的文明习惯，帮助学生成长。学生的成长就是教师幸福的源泉。

青岛电子学校　周瑛

我们的生活就是这么多姿多彩

无论我们走得多远,都不能忘记来时的路!
无论时间过去多久,我们都不能忘记最初的梦想!
我只想和学生们一起,以最美的姿态让学习生活变得多姿多彩!

——题记

入学之初,我说:"这大好的青春不好好利用太可惜了,我们一起练字吧。"大家伙儿一商量:"行吧,那就练吧!"说练就练,但也不能空口无凭!于是乎,分小组、定计划、互监督,有板有眼有约束。练字不仅成为班级生活的一项重要内容,还形成了人人遵守的练字三部曲:首先,个人掌握好自己每天的练字时间,不能敷衍了事;其次,每周五早自习是班级规定练字时间,步调一致成习惯;最后,要选出自己的好作品张贴在墙壁个人固定的位置上。静悄悄的教室内,同学们提笔练字,端端正正、专心致志;字写得好的段佳希同学对大家的作品批阅评选,圈圈点点、认真严谨;书法不错的金方斌同学则负责收集张贴,仔仔细细、一丝不苟。为了自己的一个承诺,为了一个共同的约定,每个人都在坚持、坚守,每一个瞬间都是那么令人愉悦、难忘!

教室后面终于有了一块大黑板,我说:"有这么好的阵地不好好利用真是太可惜了,我们办主题黑板报吧。"大家伙儿你瞅我看:"写不好画不好,难啊!"我郑重强调:"方法总比问题多,自己实在解决不了可以请外援啊!"经过苦苦挣扎之后,板报小组最终成立。看吧,有的小组一个晚自习突击成功,备受瞩目;有的小组你出谋我出策,拉锯战研磨,同样拉风吸引眼球。一期期黑板报,一个个喜人的进步,印证了同学们的进步。

课间,同学们热情洋溢地讨论着某个话题,兴奋异常。我说:"大家的兴趣如此广泛,不好好利用简直太可惜了,我们班的'博学大讲堂'开讲吧!"大家伙儿瞬间安静,瞪着眼睛看着我,静待下文。终于副班长忍不住嘀咕了一句:"老班,你还有啥发现觉得不利用太可惜了,都说了吧。"我循声而去，非常郑重地拍了拍他的肩膀："你说得太好了，关于大讲堂的内容及形式安排就由你具体负责吧。"在大家的笑声中，副班长扶额叹息。于是，"五年贯通·博学大讲堂"在探索中开讲了。一个个精美画面，一段段经典语句，一个个独特动作，一个个灵动表情——虽然磕磕绊绊、羞羞涩涩，但个中收获却也让大家喜笑颜开。迎着同学们期盼的目光，欣赏着他们跃跃欲试的表情，一种淡然之后的喜悦在我胸中翻腾，好似江上之清风涤去夏日之炎热，好似山间之明月洗尽凡世之铅华，无限感慨难以抚平。

"千万溪流汇聚成大海，每一朵浪花都一样澎湃，每个梦想都值得灌溉。"我真的没想到，同学们能把自己的学习生活变得这么多姿多彩！

【教师感悟】

记得侯登强老师在《做一个有故事的教师》中有这样一句话：只要给学生合适的通道，他们就都会展现最美的姿态！的确，在班级管理中，只要我们创建了这个"通道"，同学们就会以最美的姿态让学习生活变得多姿多彩。作为班级中的一员，我只想和同学们一起，踏踏实实地做好每一件事，将"全力以赴"的热情融于简单的言行间，在学生的心灵深处播种下一颗颗向阳的种子！

青岛电子学校　张俊霞

过把电影瘾

党的十九大指出：实现中华民族伟大复兴梦，要"努力形成人人渴望成才、人人努力成才、人人皆可成才、人人尽展其才的良好局面"。在班级管理中，班主任也要发挥每个学生的不同才干，让人人渴望成才，人人尽展其才。

——题记

我带的三二连读大专班到了高三下学期，同学们一下子像泄了气的皮球一样，对什么都提不起兴趣。我找班委了解情况，原来这时候大部分同学的学分已经达到了毕业要求，可以顺利转入大专学习。没有了目标，也没有了学习的动力，天天就混吃混喝等毕业了。

面对这种情况，我也非常着急。这一天学校团委发通知说要进行微电影比赛，我想这也许是一个转变同学们面貌的好机会。平时大家都喜欢看电影，也羡慕那些明星们、导演们。我们学的是计算机专业，对于影像的后期处理也不陌生，而且这一次我要让全班参与。当我把消息在班里公布后，同学们炸开了锅。有的兴奋不已，有的则有些犹豫，担心不会表演。

我和同学们共同探讨拍电影这个复杂的工程，不是只有演员，还需要编剧、导演、服装、化妆、剧务、拍摄、后期制作各个团队，需要靠集体的力量，大家要根据自己的特长和爱好找到适合自己的位置，发挥自己的才能。

经过热烈讨论，大家决定把目光聚焦到校园生活，因为快要毕业了，拍完我们可以留个纪念。于是大家立马开始行动起来。编剧组开始在校园各个角落寻找素材，在课堂中、操场上、宿舍里、训练室以及班级的活动图片中寻找灵感。其他组忙着借器材、租服装、找音乐。大家一起研究着、修改着、探索着。同学们又恢复了往日的精神和干劲。在全班同学的共同努力下，《我和我的校园》微电影顺利杀青，就连我这"老班"也在剧中担任了一定的角色，和同学们一起过了一把电影瘾。

后来我们利用一次主题班会举行了这部微电影的首映式，还邀请了学校的部分领导和老师参加，他们都对我们这部微电影给予了高度的评价。在请同学们谈谈这次拍微电影的感受时，有的同学说："通过这次拍摄，发现原来这些电影镜头都是我们三年来一起经历过的，都是美好的回忆，无论何时何地都不会忘记这段青春岁月。"有的同学说："后期制作时遇到很多技术难题，才发现自己的专业能力有待加强，打算利用毕业前这段比较空闲的时间再多学点东西，多考个专业证书。"有的同学发现自己在写作和表演方面还有点天赋，准备以后可以多往这个方向发展，写写影评，当个群众演员。有的同学发现由于自己在唱歌、绘画、乐器和运动等方面的特长在电影中为自己赢得了一席之地，所以决定在今后的生活中多发挥这些优势。

苏霍姆林斯基说："只有在集体中每个成员都积极参与教育的情况下，才有可能产生真正的主动性、创造性和首创精神。"大家在这样一次集体活动中，收获的是同学之间的友谊，是才华的展示，是自信心的绽放。当然，我也收获了班主任工作中宝贵的经验。

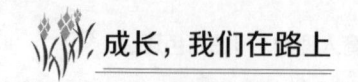

> 【教师感悟】
>
> 每一朵花都有盛开的理由，每一个孩子都有出彩的人生。为学生搭建展示自我的平台是教师的职责和情怀。愿我们的学生在未来的人生路上都能尽情盛开，尽展其才。
>
> 青岛电子学校　周瑛

班主任工作两大法宝
——爱心和耐心

> 当孩子们需要关心爱护时，班主任应该是一位慈母，给予他们细心的体贴和温暖；当孩子们有了缺点，班主任又该是一位严师，严肃地指出他们的不足，并帮助他们改正。这就需要班主任既要有爱心，又要有耐心。
>
> ——题记

2017年暑假刚刚结束，我中途接手了2016级的一个班级。这个班级可谓"远近闻名"，行为习惯和学习成绩几乎让所有的任课老师都挠头，班里整天乱哄哄的。刚开学没几天，有个家长就打电话跟我说他的儿子好久没有回家住了，住在哪里他们都不知道，希望老师能帮帮他们。面对这样的学生，刚参加工作时我也许会直接批评教育，让学生写出检查，再给他讲一段自己以为很有道理的话，方法简单粗暴。这样的方法也许能临时制服学生，但是对于班主任长期工作来说效果不佳。于是我静下心来认真思考，虚心地向有经验的班主任请教，努力尝试用更加温和、学生乐于接受的方式走进这个班级，走进学生们的内心世界。

一天自习课，我在走廊里就能听到我们班嘈杂的声音，进门一看，班里更是乱成一锅粥，有下座位的，有唱歌的，有打闹的，没有几个同学能安静地坐在座位上。看到这种情形，瞬间我的内心就爆炸了，只想大吼一声，但是我克制住了。我紧绷着脸，放慢脚步进了教室，站到讲台上，一句话也不说，只是看着他们。学生们很快发现了我，都迅速坐到了自己的座位上，教室也瞬间安静下来,他们都在等待我的"狂风骤雨",还有几个违纪比较严重的同学低下了头,等待我的严厉批评。但我没有爆发,而是心平气和地跟他们说:"咱班的声音真的好大,我一出办公室就听到了咱班的声音,难怪咱班的名声这么大呢,这与大家的嗓门分不开是不是?我想让大家写一写刚才自己在做什么、这样做的危害以及想对老师说的话。"很快,大部分同学交上了自己的心里话,绝大多数写得很真实,让我进一步了解了他们的内心想法。有同学说:"我初中数学就不好,曾被数学老师讽刺,说我像猪一样笨,我就不愿学数学了。我最讨厌讽刺挖苦学生的老师。"有同学说:"我中考失利后,父母就不再管我了,他们整天批评我,说我做什么都不行,在学校又经常被老师批评,我也想认真学习,不违反纪律,但是坚持不下去,有问题也不好意思去问。"还有同学说:"有一次我迟到,真的是因为公交车撞车了,你一看我迟到了,就不分青红皂白地说:'这次又撞车了!下次请你换个理由!'大家都哈哈大笑,我觉得老师和同学们伤害了我的自尊心,他们还给我起了个外号叫'车瘟',甚至有的同学看到我在那辆车上就故意不上车,说我坐的公交车容易撞车,我就索性破罐子破摔,上学故意走的晚点,有时候睡到自然醒。"

　　我认真阅读和分析了同学们写的这些东西,针对问题认真解决。我还与部分同学进行了单独交流,如果是家庭的原因我还进行了家访或电话沟通。对于被我误解的同学,除了进行坦诚的交流以外,我还在班会上向这位同学道了歉,也请大家不要再给别人起外号。这位同学被我的真诚所打动,转变非常大,从此几乎再没有迟到过,还积极参加班级的各项活动,期末考试还拿到了三等奖学金,同学关系也越来越融洽。此外我还多次召开任课老师和学生交心座谈会,不拘泥于形式,请任课老师和同学们去谈心交心,消除他们之间的隔阂。在交谈的过程中,同学们真正感受到了老师们对于他们的爱与期望。师生之间的偏见和误解慢慢化解,老师们上课的心情顺畅了很多,课堂氛围和谐了,同学们的课堂效率提高了不少。

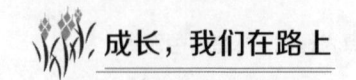

> **【教师感悟】**
>
> 　　作为班主任，我们经常会碰到后进学生，甚至是后进班级，那种批评不离口、靠权威去迫使学生屈服的方法在他们身上往往不奏效。放下教师的身架，俯下身子去倾听学生的内心，从学生的角度去理解他们、帮助他们，也许这种效果不能立竿见影，但是只要我们耐心地去做，学生会对我们敞开心扉，那样我们的教育才会更加有效。
>
> 青岛电子学校　　徐敬铭

排座位

　　教育家苏霍姆林斯基曾经说过："只有能激发学生去进行自我教育的教育，才是真正的教育。"许多时候，让学生自己去发现矛盾的根源，让学生自己去思考解决问题的方法，也许比老师直接给出答案好得多。

——题记

　　在班主任的诸多日常工作中，让人头疼的问题之一就是安排座位。身高、纪律、学习成绩、视力、同学间人际关系等诸多因素影响着座位的排定。每个学生都有自己的想法，有的可以宣之于口，有的只可意会。高中阶段的学生大部分都有了自己的想法和主见，家长和老师们很难轻易说服他们改变意见。所以，每次排好座位，总会有一些同学反复找班主任调换座位，让每一个人都满意实在太难了。于是在一个新学期开始，在调换座位时，我尝试着用了这样一种方式：

　　第一步，让每一个学生按照自己的想法设计一张座次表，并且不记名自愿上交；

　　第二步，将收集到的所有座次表张贴在教室里供大家观看比较；

　　第三步，请全班同学综合所有设计，归纳出共同的特点：比如，哪些位置较抢手？哪些同学较抢手？哪些座位是大家都不愿意坐的？

最后一步，召开专门的班会，分组讨论三个问题：一是为什么有些座位受到欢迎，而另一些座位没人喜欢？二是受欢迎的同学有什么共同特点？三是针对上述两个问题，我们应该怎么办？

通过班会讨论，同学们自己发现，每个人都希望坐在教室舒服的位置，每个人都希望自己的同桌是能充满正能量的，比如性格好、成绩好等，但这方面的资源是非常有限的。因为你在选择别人的时候，别人也在选择你，当全班同学意识到这些问题的时候，他们都说老师在安排座位时确实很为难。最后得出的结论是，与其期待遇见一个性格温暖、成绩优秀的同桌，不如让自己努力成为这样的人。

从此以后，班上再排座位便没有以前那么困难了，同桌之间也宽容了很多。

【教师感悟】

正如雷振海在《改造我们的德育》一文中指出："学校德育工作不能忽视德育对象学生的需求，不能忽视他们独特的心理特点，不能一味强调知识的学习、规范的训练、榜样的激励……否则德育就成了高高挂在空中的道德说教。"这次调换座位的尝试让学生在自我思考中得到不断成长。

青岛电子学校　郑杰

新春第一课——读书会

——用课堂教学做平稳过渡

书籍是全世界的营养品。生活里没有书籍，就好像没有阳光；智慧里没有书籍，就好像鸟儿没有翅膀。

——莎士比亚

寒暑假后的第一节课总是令很多老师和学生感到头疼，在家疯玩儿了一个多月的孩子们被一下子抓回到课堂，马上投入到好的学习状态中总是很困难的，而我带的2017级4班就努力改变了这种状况。学校为落实青岛市"十个一"工程，鼓励学生多读书。但平日里时间比较紧张，静下心来读几本好书难度比较大，而假期却是一个非常好的读书的时节。高一寒假前，学校和我都给同学们推荐了一些适合他们阅读的优秀书籍，并给他们布置了一个作业：选取假期中他们最喜欢的一本好书，开学后分享给大家。

  高一寒假归来，我们开学的第一课就是读书分享，黑板上早早地写上了"享读会"三个精美的大字。讲台上，有的同学手里拿着一本书，在眉飞色舞地讲着；有的同学做了精美的PPT；甚至有同学截取了由书改编的电影精彩片段。台下的同学兴致勃勃地听着，时不时还会提出问题，台上同学也会积极回应。教室后面还有两个同学，一个手里端着一架大相机，很专业地拍照，还有一个手里摆弄着小摄像机，摄像机的镜头会随着锁定的目标转动，很有小型新闻发布会的感觉。而我站在讲台边，脸上全是满意和满足，当然他们有时也会邀请我给点评两句。同学们在读书分享会前做了比较认真的学习和研究，在分享中大家彼此也学到了很多，起到了非常好的收心效果。

  随着第一次读书会的圆满成功，我们把读书会变成了固定流程。每学期初或者每个小长假后的第一节语文课都是读书会。放假前老师会布置读一本纸质书，并且告诉他们开学第一课大家把自己读的书带来并进行分享。这是孩子们很期待的一课，他们会比赛谁读的书更受欢迎，谁的心得更有新意。

  姜迅读完爱情小说《光与专属少年》后写下了如下感悟："这本书让我对爱情有了进一步的了解。在这如光般的岁月中有几年是留给少年的呢？这年年月月的青春记忆里曾经喜欢的他或她，一定是放过人海中属于自己的瞬间。"

  任成龙读的职场小说《创始人》，他说他特别喜欢里面的这几句话："一定要找到优势互补的合作者""要赚钱，就要赚那些想赚钱的人的钱"。

  张庐麟读的是经典老书《老残游记》，他说："这类书在现在作品中是很少见的，揭露了人性的贪婪，令人深思。"

  袁绍启喜欢旅游，喜欢挑战，他读的书是《黄埔军校·完全档案》；有质疑精神的都丰辉读的是《你在为谁读书》；谭继森推荐的《人间失格》和于航推荐的《活着》都很受欢迎。

  同学们最开心的是：他们分享的两本书引起了语文老师的兴趣，被张老师借走了，一本是村上春树的《眠》，一本是梁实秋的《槐园梦忆》。

任课老师用心引导，学生积极准备，全身心地投入课堂学习，这样的读书分享会不让同学们迅速进入学习状态才怪呢。

【教师感悟】

　　苏轼曾说过："腹有诗书气自华""读书万卷始通神"。可见，读书能给我们带来许多感悟和乐趣。春光明媚无限好，正是儿郎读书时。在这美好的日子里，让我们读书吧，没有比这再好的事情了！

青岛电子学校　　杨晓宁

第二章 倾注智慧之爱 转化潜能学生

成长，我们在路上

"官方承认"的篮球队

> 对于孤儿来说，特殊的生活经历让他们的心理产生了极大变化，如果对其心理健康问题不能给予正确的引导，那么会严重影响他们后期的发展与进步。社会以及学校应该共同努力，共同帮助孤儿健康成长。
>
> ——题记

新生正式开学第一天的第一节课，我刚在办公室坐下，临时指定的班长气喘吁吁地跑来叫我："老师，周老师让您去班里看看。"我问怎么了，他说小林上课顶撞老师，老师很生气。我急匆匆地来到教室，在走廊里就听到小林嚣张地跟全班同学嚷着："同学们，你们谁看见我打电话了？没有吧？"我很严肃地把小林叫出了教室，安抚周老师和其他同学继续上课。我把小林带到办公室询问情况，他信誓旦旦地说刚上课他的电话响了，刚要接，一想不能耽误老师上课，于是就挂断了，就这样老师还不愿意。描述过程中，他好像还遭受了很大的委屈。其实是他课上接电话，老师制止他，他不服气，还顶撞老师。看着他一副无所谓的样子，再加上军训期间他极不理想的表现，直觉告诉我，跟他反复纠缠是否在课上接电话已毫无意义，我需要深入地去了解他。

几天后，小林姑姑来找我，还特意强调她来学校找我的事一定不要让小林知道。小林姑姑拿出了一本低保证、一本孤儿证。这让我大吃一惊，因为在家庭成员信息栏中小林把父母的信息填写得非常完整！姑姑说小林十岁左右时父母相继病逝，之后跟着爷爷奶奶生活，爷爷奶奶觉得孩子可怜，平日里对他很娇惯，逐渐养成了这种骄横的性格，爷爷奶奶现在是想管也管不听了。在当时，有低保证可以减免学费，但小林坚决不把低保证拿到学校，他怕别人知道他是孤儿后会看不起他。但爷爷奶奶的经济状况也不好，能减免学费对这个家庭来说可以减轻不小的负担。我和小林姑姑商量好，以后要用低保证时我给她打电话，用完她再取走，不让小林知道。

送走小林姑姑后,再看班上这个有点"飞扬跋扈"的小林,我心中顿生了不少的怜爱,我暗下决心:高中刚刚开始,我要竭尽所能让他有一段美好的高中时光。

平日里我经常不留痕迹地多给他一些关心。我注意到他非常喜欢篮球,而且打得还不错。有一天,我就问他能不能组建个班级篮球队,由他来当队长。他一听满眼放光,非常兴奋地答应下来。我趁机提出了对篮球队和他本人在学习、纪律等方面的要求,他满口答应下来。接下来就迅速在班级里招兵买马,这个年龄段的男孩爱打篮球的大有人在,很快他就组织了9人的篮球队。他们兴奋地设计队徽、确立口号、制定公约,我给他们定制了印有他们姓名的篮球服。他们说这是"官方承认"的篮球队。在班里我为他们举行了简单而隆重的篮球队成立仪式,宣布小林当队长,小林宣读了球队纪律。作为队长,小林现场跟我签了责任状。小林和他的队员们摩拳擦掌,踌躇满志。我也在心里暗暗为他们加油。

球队成立了,培养是关键。我经常在课外活动时间去看他们打球,帮他们联系打友谊赛。队伍有点模样了,但问题也凸显出来。小林凭借自己球技好又是队长,经常对其他队员大吼大叫,导致其他队员产生了不小的抵触情绪,甚至有个别队员想退出篮球队。在一次友谊赛中,小林又一次对队友出言不逊,队员们情绪低落、极不团结,以大比分输了比赛。赛后的小林非常沮丧,我就帮他分析失败的原因,分析中我让他逐渐意识到尊重他人与团结的重要性。从那以后,小林的言行逐渐改进,球队也渐渐走向团结。一年一度的校篮球比赛是小林他们最盼望的日子,高一我们拿到全校第六名、高二第三名、高三第一名。随着在篮球队的历练,小林在待人接物和纪律方面都有了长足的进步,成绩也不断提高。最终,小林以比较理想的成绩考入了一所不错的专科学校继续学习。

在班级毕业前的班会上,小林突然站起来要说几句话,他说:"我十岁就没了父母,就怕别人看不起我、欺负我。其实王老师早就知道我的情况,但是她从来没说破,而是像母亲一样关心我、爱护我,小心地呵护我那可怜的自尊,其实那是自卑。她还给我搭建了篮球队这个平台,让我找到了自信,学着有担当。咱班的篮球队无论在哪里比赛,王老师和同学们的加油声总是最响亮的,那是我们篮球队为班级拼搏的最大动力。感谢王老师,感谢球队的哥们,感谢全班同学给了我家的温暖!"之后全班响起了雷鸣般的掌

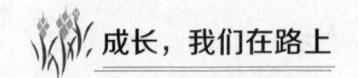

声。看着现在能坦然面对自己的身世、有爱心、有担当的小林，我的心释然了。

【教师感悟】

　　加德纳的多元智能理论认为每个学生都有闪光点和可取之处，教师应用赏识和发现的目光去看待学生，改变用一把尺子衡量所有学生的标准。教师要从多方面去了解学生的特长，为他们搭建适合其特长发挥的平台，进而带动其他方面也不断提升。

青岛电子学校　王爱玲

投　票

　　热爱集体，积极参加集体活动，这是我们绝大多数人的价值观。可是当班主任之后，我发现每一届学生中总有那么一两个是游离于集体之外，身在班中心在外的。

——题记

　　峰就是这样一个男孩，他热爱骑行，装备很专业，每天骑车近40公里往返家和学校之间。这样一个像风一样的男孩理应阳光、活泼，和同学们打成一片，但却恰恰相反，他总是和同学们保持很远的距离，每天独来独往，课间的时候也没见他和同学说笑，只是自己静静地看书。本来这是学生的个性，我无法评价这样好不好，但是班级的一些事比如运动会、艺术节甚至小到班级微信群通知的一些事，峰都一点反应也没有，我认为这样就有点自私、集体意识淡薄了。

　　上学期我听学生说锋参加了网上的一个视频剪辑比赛，需要投票，他的票数现在比较落后，我知道他在短视频剪辑方面颇有心得，虽然我不知道他参加比赛的目的，但是我心想能不能通过投票改变一下他的观念呢？我决定试试看。我找到了峰向他了解这件事，峰说："老师，这个比赛我关注很久了，就想试试，看看我的水平怎么样。现在是初赛大众投票阶段。"我问：

"你的票数怎么样？"锋淡淡地说："不怎么样，靠后。"从峰的眼神中我看出他很重视这个比赛，于是接着说："你在班里把你的比赛视频给大家看看，既让大家向你学习，也让大家给你投投票。"峰没料到我会支持他的比赛，惊喜地说："老师，可以吗？"我肯定地说："当然可以，你是班集体的一员，你有事大家应该助你一臂之力。"回到班里，我把峰比赛的事情和大家说了，并做了一番动员。峰展示完他的视频后，大家纷纷拿出手机，投上了自己的一票，并把链接发给了自己的好友，让别人也帮忙投票，我看出峰有点不好意思，没想到大家对他的事这么热心，我想他定能反思自己以前的表现。

过了几天，我问峰比赛的事情。峰高兴地说进了初赛，但是选手实力太强，自己有可能不能获奖。我对他说："你是自学短视频剪辑，而且是第一次参加比赛，能不能拿奖是次要的，重要的是你看到了差距，只要以后刻苦钻研，认真练习，一定能赶超上来。"峰也点头表示认同。我接着说："峰，其实老师还有一个愿望，就是希望你能积极参与到班级的活动中来，你是咱们班很重要的一名成员，我希望看到你和同学们互相帮助，一起探讨你们感兴趣的事，让高中生活变得丰富多彩，成为以后一段美好的回忆。"峰应该明白我这番话的意思，不好意思地笑了，说："老师，我明白你的意思了，以后我会努力和同学们相处好，不会拖班级后腿的。"我笑着说："老师相信你。"

我想即使峰没有拿到奖项，他的思想也一定有了新的改变。人是生活在集体中的，和别人的沟通交流也是很重要的一项能力。

【教师感悟】

巴特尔说："爱和信任是一种神奇的力量。"是的，对于特别的学生，老师应该给予爱和支持，我想人心都是相通的，学生收到了老师的爱和支持，就会出现神奇的结果，学生会用你意想不到的行动回报老师。

青岛电子学校　胡雨雨

成长，我们在路上

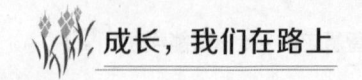

爱的春风能化雨

　　苏霍姆林斯基说过："没有和谐的教育工作，就不可能达成和谐的发现。"爱的教育，需要构建和谐的师生关系。把爱的种子扎根在孩子的心灵里，能开出美丽的小花，结出成熟的果实。

——题记

　　我坚信这样一句话：给学生一个微笑，他会给你一个明媚的春天。这句话时刻提醒我：要爱学生，因为爱是一种伟大的力量，没有爱就没有教育，只有在爱的雨露下成长起来的学生才是健康的。

　　两年前，我担任了服务班班主任一职，浩在我们班中是最突出的一位。通过第一次接触，他就给我留下了深刻的印象：聪明，热情，反应快。随着时间的推移，我发现他虽然上课发言积极、思维敏捷，但他的行为习惯却常令我担忧：争强好胜，对自己过分自信，常惹是生非。与伙伴发生口角时，他总是据理力争，从不肯吃亏，宽容在他的眼中是懦弱的表现；有时，他违反了校规校纪，我找他谈话，他总是满脸不服气，真是"歪理十八条，他是条条有理"，我总觉得他有点"不听话"。后来的一段时间，我总是静静地观察他的一言一行，看到他那天真无邪、充满稚气的脸，我暗暗下决心……

　　终于有一天下午，教室里只剩下我和浩。我亲切地询问："为什么总是不接受老师对你的批评，总爱跟我对着干呢？""你为什么总是指责我呢？"浩还是以他一贯的强硬作风回答我。听了他的话，我回忆起以前对他的态度，一下子感到，我平时对他的指责太多，或许已伤了他的自尊心。其实老师的举手投足、音容笑貌，还是情韵气度，都应体现出对学生的尊重和信赖。只有做到态度和蔼、语言亲切、神态热情，才能做学生的良师益友，学生才能亲其师、信其道，而学其理。我沉默了一下，对他说："老师以前对你的态度有时是不好，只看到你的不足，常当着大家的面批评你，老师向你道歉。"听了我的话，他脸涨得通红，有点激动地说："我的确有点倔强，但至少我不是个坏孩子。""那好，我们就来个君子协定，我们互相尊重，你有事我不在同学面前说，咱们私下解决，可你也要做到在同学面前不顶撞我。"浩犹豫了一下，没有吭声。了解到他十分爱看书，我就让他当了我们班的图书管理员。他非常热爱自己的工作，把图书整理得井井有条，并且能及时而合理地处理一些同学们借书、还书时发生的冲突。他上课发言积极，有一定口语表达能力，于是每堂课我都不忘让他发言，并及时给予鼓励，当他得到了渴望的小红旗时，我看到他满脸笑容、十分自豪的样子，我也感到欣慰了。

一天课间，我突然听到走廊里学生喊"有人打架了！"我急忙从2班走到1班。两个打架的学生眼中虽然还有泪，但怒气明显已退了很多，都坐到了自己的位子上。最让我吃惊的是，浩气喘吁吁地坐在中间，看到这一幕我不禁皱起了眉头，难道又是他在挑唆？真是"江山易改，本性难移"。"他俩已经没事了，老师，一点小事。"这话居然是从浩口中说出来的，我有些吃惊。"老师，你可别表扬我，这是我该做的。"我清晰地看到他眼中有些自豪。原来，他看到两名同学在为一点小事吵架，他毫不犹豫地上去进行一番劝说，并帮他俩想了个好办法……不知为何，我注视了他很久很久，对他有了全新的认识。

又一次课间，我发现桌子上有一杯刚刚调制的卡布奇诺，图案是一个大大的笑脸，我疑惑地抬头看了看周围，门口闪过一个熟悉的身影。我发现杯子下面有一张纸条：这可是我亲手做的，送给您，老班，祝您开心每一天。我端详着这张凝聚着爱心的纸条，心中荡漾起一股暖流。

【教师感悟】

　　正如陶行知先生所说："不要你的金，不要你的银，只要你的心。"当我满怀爱心去对待学生时，我已在爱中获得了爱，那爱甜甜的，沁人心脾，回味无穷。

青岛烹饪学校　李欣

成长，我们在路上

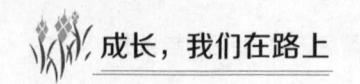

教育无小事

教育无小事，事事皆育人。

——陶行知

新生国防夏令营结束了，帮我一起带班的是我刚毕业的两位学生，他们主动请缨，在新生报到之前联系我，说要来帮忙，令我感动不已。在夏令营闭营的时候，我们全班同学特别感谢两位前来帮忙的学长在七天里对他们的关心与帮助，大家非吵着让学长们说两句，为他们即将迎来的校园生活提点建议。其中一位小吕学长，他给新入校的学弟们提了很好的学习和生活的建议，并且还说到了一件埋藏在心里许久的回忆。

那是在他一年级下半学期的时候，学校篮球队进行新人选拔，而他一直在等着这一天的到来。他从一入校就表现出对篮球的热爱，中午经常放弃午休，在操场上打篮球，下午放学的时候，还要打会儿篮球才能回家。他一直特别渴望加入校篮球队，也特别有信心，觉得自己一定能脱颖而出，选拔成功。篮球队的新人选拔是在中午午休的时候，他和同班的三位同学一起参加了。可是事情往往有很多不可预料性，他特别想在篮球教练面前表现出自己的最好水平和自信的一面，可能是因为太在意结果，害怕失败，他的技术和水平都没有发挥好，种种失误让他与篮球队擦肩而过。午休结束时我和往常一样来到班里，同学们都在认真准备着下午上课的资料，只有他却趴在桌子上，低着头像睡着了一样。他的好朋友悄悄告诉我他是因为落选心情沮丧才这样的。我知道这对他是一次非常沉重的打击，那我怎么办呢？只能先和他谈谈，了解一下他现在的状态和心情。于是，我把他带到了我的办公室。刚进办公室，还没等我开口，他却说："老师我不想上学了。"我没说话，只是静静地给他倒了一杯水。等了5分钟我才开口，问他："我能知道为什么吗？"他低着头，一脸沮丧地说："我为了这一天的选拔，准备了快一年了，我们四个人一起去的，其他人都选上了，唯独我……老师，你让我回家吧，我今天在这儿也上不了课，我心里真的特别难受，我想一个人静静。"是啊，自己这么在意的选拔失败了，打击肯定很大，但如果现在我让他回家了，就等于默许他的逃避，以后再怎么办呢？作为班主任，我不能让他带着这个心结，更不能让他自暴自弃。我说："小吕，你是不是很喜欢篮球？""当然，我从一入校就在为这一天准备，我本来以为肯定能选上，可是，咱班技术水平不如我的同学都选上了，我真不甘心，我觉得特丢人，真没脸见同学了。""你的心情我特别能理解，本来觉得把握十足的事情，可是结果却事与愿违，对你来说很难接受这个事实，可是，未来的生活当中还会有很多我们难以预料的事情发生，甚至不尽如人意的事也难以避免，难道我们都不要面对了吗？都逃避吗？今天你能逃避回家，可是以后你每次都回家吗？"当我说完，他好像多少有点触动，我接着往下说："当教练说你没选上的时候你有没有再争取一下呢？也许你再争取一下，事情会有转机。""教练当时说我落选的时候，我大脑一片空白，想都没想就掉头走了，只觉得太丢人了，我接受不了这个结果。""小吕，我觉得这次你没选上，可能是因为你太在意了，紧张导致了你没有发挥全部的实力，如果当时再冷静一些，争取一下，也许教练还会给你一次机会。你不是很喜欢篮球明星姚明吗？他不是也经历了很多困难吗？他因伤无奈退役，但也没有陷入人生的低谷，仍然致力于中国篮球事业的发展。这不就是不屈服、不妥协的表现吗？未来的路很长，面对的困难也会很多，我们要有信心，更要想方设法去战胜困难，而不是逃避。我们还要学会总结、学会反思，找到失败的原因，吸取经验和教训，只有这样，我们才能更好地走在成功的道路上。你说对吗？"听我说完，他的心情好像好了点儿，可还是带着伤心的眼神跟我说："老师，我真的很想进学校的篮球队，我怎么办？""那就看你能不能快速调整状态，以最好的水平，为自己再争取一次机会。"接下来我们俩讨论了如何再争取一次机会，怎样再向教练证明他的实力。他决定下午在篮球队训练的时候再向教练争取一次机会。当天下午放学后我收到了他的一条信息，他告诉我教练又让他展示了一次自己的篮球水平，并答应他让他先随队训练，一个月以后再决定去留。我当即表示祝贺。他说，要好好珍惜这一个月的时间，拿出自己最好的状态，争取留在队里。最后，他如愿以偿地进入了校篮球队，后来还代表学校参加了市中职学校的篮球比赛，取得了职业学校男子篮球比赛第二名的好成绩，在领奖的合照当中，我看到了他灿烂的笑脸。

成长，我们在路上

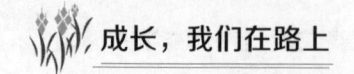

> **【教师感悟】**
>
> 　　爱因斯坦曾经在一次演讲中说道："如果你把学校教授给你的一切知识都忘记了以后，剩下的那部分内容就是教育，我们的生活就是运用剩下的内容去思考，去迎接并战胜困难，去开创我们的事业，去追求我们的美好生活。"教育无小事，它不仅仅是教授知识，而且要密切关注学生的心理变化，了解他们的喜好，理解他们的想法，教会学生积极面对挫折，在挫折中学会思考，在思考中找到解决问题的方法，学会学习、学会生活，成为学生成长中的引路人。
>
> 青岛幼儿师范学校　李文毅

青春期的难题

　　青春期心理健康教育是《中等职业学校德育大纲》中的德育内容之一。青春期的情感问题是中职班主任工作中的一个难题。在青春期进行适当的情感教育，帮助青少年理解和发现美，学会男女生交往，有助于学生价值观、情感观的正确树立，有助于学生的健康成长。

——题记

　　正一这几天状态很不对，整天黑着脸，头发也乱蓬蓬的，上课不听讲，趴着睡觉。任课老师批评他，他竟然和老师顶撞。原来活泼开朗的大男孩这是怎么了？我向其他同学了解情况，同学们笑着说："老师，这你还不明白吗？失恋了呗！"原来正一喜欢别的班的一个女生，这个女生不仅漂亮，还是健身达人，每天都在健身房练两个小时，并在运动会上长跑获得了第一名，可能就是她身上这种健康的朝气吸引了正一。可是女孩明确表示，不喜欢正一，觉得他很普通。

　　看到他这种情况，我也多次找他谈心，效果都不是很好，他还是那样消沉，对学习提不起兴趣。在和他的多次聊天中，我了解到正一初中是排球队的，而这个时候，学校的排球队正在招纳新人，我向主管老师推荐了他。起初他不愿去，可是我问他为什么喜欢那个女孩，他说她体育特别棒，跑起来特别有光彩。我说："正一，你的体育也不错，你也可以散发这种光彩的，只不过缺少了展示的机会。现在参加排球队就是一个好机会。"

于是，他经过选拔进入了校排球队，每天跟着队伍在操场上训练，同学们在场边观摩，常常赞扬他。为了填满他的生活，我还交给他一个任务，学校班级间篮球赛马上就要开始了，而班里好像只有包括他在内的两个人会打一点，我鼓励他组队带领班级感兴趣的同学进行篮球训练。他的生活更加充实了。每天要找时间教同学打篮球，设计战术，购买队服。操场上总是留下他挥汗如雨的身影，他的精神状态也慢慢恢复了。

在随后的比赛中，他作为排球队的主力和球队一起获得了市排球赛第二名的好成绩。在班级篮球赛中，他也带领班级篮球队一路过关斩将，获得了级部第二名、单场得分最高。从此，正一的自信心高涨，除了在球场，他还想在其他方面也表现得更好。他本来基础就不差，就是前段时间因为消沉耽误了一些功课。他开始补课，上课认真听讲，持之以恒的努力最终结出了胜利的果实，他获得了奖学金还有三好学生的荣誉称号。后来我又问起了他的恋情，他轻松地笑了笑，说都过去了，他发现自己比以前优秀了，当然还有很多同学都很优秀。就这样，正一的青春期情感危机解除了。

【教师感悟】

美国心理学家埃里克森提出人格的心理社会发展理论，他认为人的自我意识发展会持续一生，每一个阶段都是不可忽视的。12~18岁被定义为自我同一性和角色混乱的冲突阶段。这个阶段的情感问题不单纯是对"真爱的追求"，而是对"更好的自己"的渴望。班主任与其和他们探讨经历的是不是真爱、什么才是真爱，从而让他们把精力放在更有意义的学习上，不如引导学生欣赏对方的美丽，聚力发展自身的美丽，学会爱他人、爱自己。

青岛电子学校　周瑛

成长，我们在路上

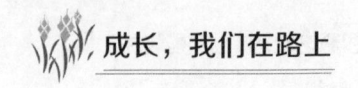

不一样的篮球赛

> 哲学家威廉·詹姆斯说过："播下一个行动，就会收获一种习惯；播下一种习惯，就会收获一种性格；播下一种性格，就会收获一种命运。"作为学生班主任，不能忽视学生良好行为习惯的养成，好的习惯终会换来好的结果。
>
> ——题记

7:30 早自习时，我清点班级人数，果然，王同学的座位空着。"又迟到。"我心里嘀咕着。

王同学是一个高高壮壮的男同学，话不多，但是语气冲；长犯事，但是"歪理"多。

自高一以来他经常迟到，我找他谈话多次，但是只有一句回话："家离得远，没办法。"他家住在沧口，确实不近，每天得五点多起床，满打满算到校也得将近 7:30，稍微一堵车就得迟到。

但是，他就算是迟到，也就是五分钟、十分钟。作为班主任，我很理解他，但为了班级的管理，我得跟他争取这五分钟、十分钟。

想来想去，我想先"投其所好"试试。

王同学不爱学习、不爱读书、不爱玩游戏，就喜欢打篮球。还好，我中学时也喜欢篮球，算是有点篮球基础，虽然这几年不玩了，但是传个球还是可以的。我主意已定。

周二第三节课是我们班的体育课。上课前我就在操场溜圈，等他们热完身，我主动说要和他们玩玩篮球，孩子们自然很高兴。"我年纪大了，你们可得悠着点，不准对我下'黑手'。"我首先和孩子们声明，但是我心里盘算着怎么对王同学下"黑手"。

篮球赛开始，你来我往，你传我投，大家玩得很开心。这其中，我多次切到王同学身边，多次对他下"黑手"，不是推他，就是打他手，拽他衣服。在我的蛮横干扰下，王同学的命中率直线下降，他直接把球一扔，大喊一声:"不玩了!"气鼓鼓地走到场外后,他坐到树下,喘着粗气。我心想:臭小子,还行,没直接冲我吼。

我也累了,慢慢走到他身边坐下,直接问:"怎么了,玩得这么高兴怎么突然不玩了?"

"老师,你要赖……"

"我怎么了?"我明知故问。

"你犯规,还要赖不承认!"他更气了。

"哈哈,我故意的。"我盯着他。

他惊讶又疑惑地看着我……

"我觉得打篮球可以没有规则,大家玩得会更尽兴。"我故作认真地说,"或者,你们遵守规则,我年纪大,不用遵守。"

"老师,这样不公平,我们遵守规则,你也得遵守,年纪大不是借口,我们可以让让你,但是你得遵守。再说了,要是打球没有规则,大家不得打起来啊。"他认真地给我讲解。

"你说得对,很有道理。就像班级管理一样,班规大家都得遵守,有同学不遵守,就可能导致班级混乱。也就像你经常迟到一样,虽然只是五分钟、十分钟,但如果老师不制止,有同学会跟着学。再说了,因为这五分钟、十分钟的迟到,会影响你这高大的形象不是?"

"老师,你说的我懂,我之前懒散惯了。我不敢保证以后不迟到,但是我尽量不迟到。"

"好,有这句话我就放心了,相信这是一个好的开始,一个好的习惯会收获香甜的果实,我拭目以待。"我高兴地说,"走,还有十多分钟下课,我们再打会儿?"

"好,老师,但是你不准犯规啊。"

一场不一样的篮球赛开始了……

【教师感悟】

单纯的说教、批评往往不能让学生真正地信服,有时甚至会适得其反。只有和学生走在一起、玩在一起,成为他们的朋友,亦师亦友的劝说才会有奇效。

青岛电子学校　林嘉青

成长，我们在路上

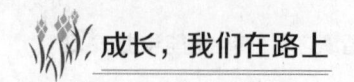

花 球

> 时光匆匆，回望自己刚当班主任的那几年，总是会低下头偷偷地笑，笑自己太不成熟，对学生用力过猛，但是回味往事，学生的一张张笑脸总是浮现在我眼前，令我感动。当班主任是幸福的，因为可以参与到学生人生成长的一段重要时期。
>
> ——题记

赛是一个阳光大男孩，他给我的第一印象是有一口洁白的牙齿，笑起来的时候牙齿都闪着光。他的性格很好，极少见他生气，可他却有一个弱点——没有主见。凡事都需要问家长，同学之间商量事情，问他的意见他总是说随便，没想法。慢慢地，我发现他在同学之中显得落寞了些，没有以前那样爱笑，我认为他敏感地意识到了自己的问题，但不知道怎么去解决。

九月底学校要开运动会，班里商量着要买啦啦队的花球，同学们你一言我一语，每一组都有每一组的特色，一时决定不下来。我在讲台上看到赛低着头默默地一个人看书，好像这件事和他无关。我灵机一动，心想："这正是个锻炼赛的好机会。"于是我让同学们停止讨论，说："大家的讨论很热烈，想法都很好。赛，我看你一直没发言，你有什么好建议？"赛完全没料到我会问他的意见，慢慢地站起来说："老师，我没有，都可以。"完全在我意料之中的答案。我继续说："如果这次我让你负责买花球，你能不能接受这项任务？"赛张大了嘴，一副不可思议的样子，他呵呵地笑着说："老师，我从来没办过这样的事情，怎么买？买什么样的？"我看他没有直接拒绝我，就再一次鼓励他："凡事都有第一次，怎么买、买什么款式、什么颜色，只要在我们的预算内，都由你决定，与其大家讨论不出结果来，不如由你代表咱们班的审美水平，我和同学们绝对相信你的眼光。"同学们也觉得我这番话有道理，便纷纷鼓励赛，赛虽面有难色，但还是接受了任务，我看得出他也需要一个机会改变自己。

我给了赛一个周的时间搞定这件事，随后的两天我看见他课间的时候和同学们在讨论花束的形状和颜色,我还听说放学后他到附近的几个市场上对比不同花球的质量和价格,快到周末的时候,我问赛:"花球的事办得怎么样了?"赛看着我,眼睛里闪着兴奋的光芒,说:"老师,没有对比就没有伤害,北边市场的花球质量最好,价格也适中,我觉得蓝色最好看,稳重大气,同学们也觉得挺漂亮,我认为一人买两个最合适,如果你同意,今天下午放学我就可以买回来。"听完赛的汇报,我顿感轻松和喜悦,轻松的是运动会花球的事解决了,喜悦的是赛完全有能力处理好一些事情,以前只是缺少了机会。我对赛说:"这件事你做得非常棒,以后你一定要积极地参与班级事务,既能为大家做贡献,还能锻炼自己,一举两得。"赛认同地点了点头。

运动会如期召开,我们班啦啦队的蓝色花球在太阳的照耀下分外耀眼,赛昂着头,卖力地晃动着花球为运动员加油,我想赛的心中一定是满足而自信的!

【教师感悟】

陶行知先生说:"培养教育人和种花木一样,首先要认识花木的特点,区别不同情况给以施肥、浇水,这叫因材施教。"当班主任一定要有这种思想,针对不同的学生给予不同的锻炼,让尽可能多的学生茁壮成长。

青岛电子学校　胡雨雨

"觉主"社长

创造教育机会是教育创新的起点。只有创造机会才能争取主动、争取时间,缩短教育过程。

——题记

金色九月迎来了新的开学季,这一年我第一次带春季高考班,班里有个白白净净的男孩，名字叫雨晨，入学成绩几乎在班里垫底，可能是中考之后晚睡晚起导致的生物钟紊乱，白天上课倒头就睡，都上课好几天了，竟然有老师都不知道他长什么样子，因为老师叫也叫不起来，即使能抬起头来，也是坐着发呆，于是很快他就得到了"觉主"这一"雅号"。刚入校就这样的态度，考大学岂不成为他的梦境了？

我找雨晨单独谈了好几次，知道他报计算机专业只是因为他喜欢看电影、玩手游。没想到学校的学习内容与他以为的可以整天玩游戏差别太大。况且他自身学习基础就很差，数学几乎听不懂，言语中透着他的无奈和偏激。总之一句话，校园里没找到他感兴趣的东西。面对雨晨，我感到前所未有的茫然，我该给他创造什么样的机会才能让他看到希望？

学校有很多社团，我是校艺影社的辅导教师。新学期社团纳新，我想到了"觉主"。当我问他愿不愿意来我的社团时，他睁着惺忪的眼睛问我："这个社团是干什么的？"我告诉他是关于电影的。他立马睁大了眼睛，看来是有一定兴趣。我接着冲他微微一笑，提高声音说："我的社团还缺一位副社长，我觉得你很适合，不知道你愿不愿意来帮我。"他有些惊讶，结结巴巴地问我："老师，我成绩不好，能行吗？"我鼓励他说："成绩不理想并不能证明你其他方面的能力不行啊，事在人为，我觉得你能行！"他使劲地点点头，眼中透出一丝惊喜，并答应我一定好好干！

成了副社长的雨晨非常负责任，每次社团活动他都会主动做好成员出勤记录，帮我准备各种软件，主动帮忙解决各位社员的问题。下课还主动清扫卫生、整理机房，在社团活动中和原来在文化课上的表现真是天壤之别。

鉴于雨晨在社团活动中的优异表现，我开始给他加担子。我交给他更多做视频的机会，还让他导演了班里几个情景剧，通过自媒体 APP 发布了他制作的多个视频，并让他在家长会介绍他的作品，得到了家长们的高度评价。平时在社团里我会不经意地提醒他："你如果在教室里上课能像在社团活动中这样精神的话，你的各科成绩肯定会有大的飞跃。"他经常会不好意思地回答："老师，我现在晚上睡得比原来早多了，白天尽量坚持不睡觉。我感觉上课比以前轻松了。"任课老师们也反映雨晨的状态好转了不少，成绩有缓慢进步。我知道，我需要耐心静待花开。经过一年多的磨炼，高二上学期时，雨晨成了艺影社社长，尽管他课上睡觉已不多，但社员们还一直沿袭着对他的爱称，都亲切地叫他"觉主"社长。到目前为止，雨晨带领30

个成员创作了很多的短视频,他的技能课成绩在班级名列前茅。他还参加了学校举行的技能大赛,并获得了一等奖。虽然他在文化课科目上成绩进步的速度还不是很快,但是他的自信心已经初步建立起来。

【教师感悟】

  金无足赤,人无完人,再好的学生难免有不足之处,再差的学生身上也有优点,及时捕捉学生的闪光点进行因势利导,会使他们产生积极的情感,从而以点带面促使学生全面进步。从雨晨的转变中我也真切地明白了叶芝的名言:教育不是注满一桶水,而是点燃一把火。

青岛电子学校 李志芳

老师,其实我很苦恼

  孟子曰:"敬人者,人恒敬之;爱人者,人恒爱之。"作为一名中学生,学会建立良好的人际关系,是在为自己的终生发展奠基。

——题记

  我有个学生叫顺子,又高又壮,浓眉大眼,他的脾气急躁火爆,和他的名字一点都不相符。高一刚开学不久,因为上美术课起立时他磨磨唧唧,站得歪歪扭扭而被老师提醒了两句,他就不愿意了,顶撞老师不说,还想动手。任课老师让他去找班主任,他一动不动,课堂陷入僵持,任课老师就让团支书小婷来办公室叫我。小婷是顺子的初中同学,她急匆匆地跑到办公室来叫我,在去教室的路上,她告诉我顺子性子太急,初中顶撞老师是常事,有一次还跟一名老师动过手,小婷提醒我要当心。

  来到班里,看到顺子气鼓鼓的样子,我想要是用强硬的口气叫他,估计也不一定能把他叫出来。于是我走到他身边,很平静地跟他说:"既然这么生气,在班里也学不下去,不如跟我到外面去溜达溜达。"看我没有发火,他有点意外,稍作犹豫便跟我出了教室。来到办公室,我没有接着问他顶撞老师的事,而是让他坐在我旁边看我做课件,我还有一搭没一搭地问他课件中用哪张图片好，他摸不着头脑地回答着我。大概过了二十多分钟，我停下手中的活，问他有没有什么想跟我说的。他说刚才的事是他不对。因为午休刚结束，他没睡醒，不想站起来，老师连着提醒了他两遍，他就烦了，火便腾一下就上来了，其实老师也没说什么，是自己过分了。我问他以前也这样吗？他很直率地告诉我，初中时经常这样，火上来了就控制不住自己，过后其实也挺后悔的。因为动不动就发火，他的朋友很少，现在回初中学校，老师们也大都不愿意搭理他。谈话中他说其实他也很苦恼，也很想改变自己。我给他布置了一个任务，一个月内在班里寻找一位人缘比较好的同学做同桌。

转眼一个月过去了，顺子主动找我，说想跟体育班长小龙做同桌。小龙阳光洒脱，人缘极好。当我问小龙是否愿意与顺子做同桌时，小龙很爽快地答应了。我也当着小龙的面给顺子提了几点要求：一是在任何情况下都不能顶撞老师，如果控制不住自己就请小龙帮忙把他带离现场；二是有些处不好的关系多跟小龙商量商量；三是利用节假日多参加一些社会实践活动来改善自己的交际能力。在小龙的帮助下和我的监督下，顺子高一这一年总算没闹出太大的动静。

高一暑假前几天，顺子说他想假期去打工，问我去什么地方比较好。我笑着说最好找一个能磨炼他耐性的工作。就这样假期开始了。假期中间的一天，按学校规定学生需要返校，十点多时，顺子比较着急地问我返校什么时间结束。我问他急什么，他说他在电子信息城的一家电脑公司打工，这家公司从事的业务与我们所学的专业还很对口。因为返校，公司只准了他一上午的假，十二点半之前必须回去。交谈中我了解到：他家离电子信息城比较远，乘坐公交车大约一个半小时的车程，每天早上他七点出门，晚上七点回家，虽然天气非常炎热，但他一天也没请过假、旷过工。我问他有没有收获，他说收获非常多。我鼓励他坚持下去，多学习，多写写实践体会，等开学后跟我好好聊聊，他愉快地答应了。暑假结束后，我召开了"回眸暑假"的主题班会，请同学们分享自己的暑假并谈感悟。轮到顺子讲时，我明显感觉到他比以前自信了、大方了。他跟我们分享了他假期在信息城37天的打工经历，有苦有乐。最让我感动的是他这样讲道："以前在学校里我动不动就冲老师或同学发脾气，真是太幼稚了。到了社会上，没人惯着你，你冲人家横，往小了说生意做不成，弄不好还得挨揍。这次打工让我深刻体会到学会交往的重要性，而交往的重要基础是相互尊重，要想让别人尊重你，你首先要尊重别人。感谢过去一年老师和同学们对我的包容，到了社会上才感觉到工作不易。学校是一个快乐的地方，今后我会加倍珍惜与老师和同学们相处的时光，请大家继续监督我、帮助我，我想与大家友好相处。"

在高中的后两年里，顺子确实有了可喜的变化，再没有出现顶撞老师、与同学打架等现象，因为他的耿直与仗义，还交了几个铁哥们。毕业后，顺子工作非常努力，也很重视与同事间的融洽相处，现在他已是携程网的一名高管了。毕业后我与同学们的多次聚会都少不了顺子，看着他们那么融洽地一起闹、一起笑，我由衷地为顺子感到高兴。

【教师感悟】

中学生正处在心理和生理成长发育时期，良好的人际关系是中学生心理健康的标志，所以学会相处是中学生的一门必修课，这门课包含人与人之间的沟通交流、化解矛盾及学会合作等。在这门功课的教授中，班主任起着非常关键的作用。在班主任带班过程中，同伴引领、集体活动、社会实践和教师点拨等都是促进学生形成良好人际关系的有效手段。

青岛电子学校　王爱玲

一个都不能少

《与元九书》中说："感人心者，莫先乎情。""情"的投入是教师工作的内在要求，情到深处，学生的内心世界就会向你敞开，他有话愿意和你交流，有困难愿意请你帮助，有苦闷愿意向你倾诉。

——题记

职业学校，所谓的"落后生"比较多，每年也都会有一些学生选择辍学，这些被中考遗忘的孩子，不应该成为职业教育中再次被遗忘的角落。突然想起当年张艺谋导演的《一个都不能少》，是的，作为老师，没有权力点燃火种，但绝不能熄灭火种！

班里有个女生叫晴，她性格内向、孤僻，喜欢自己一个人独来独往，学习习惯和学习基础都不好，对所学的专业也没有兴趣，班里的同学都不太喜欢和她一个组。了解到这个情况，我开始关注她、关心她。渐渐地，我了解到：她家离学校很远，每天需要步行15分钟到车站，再坐40分钟的公交车才能到学校，而且在家还时不时挨打。了解到这些后，我把孩子的妈妈请到了学校。通过沟通，我了解到：这位母亲非常要强，对晴的期望值非常高，这种期望值与晴实际的水平和能力有太大的距离，所以她总是看不惯晴的表现，不停地抱怨孩子，甚至对孩子大打出手。多年的班主任工作经验告诉我：目前，晴的状况与她母亲这种简单粗暴、急于求成的教育方式有直接关系。青春期的晴产生了非常强的抵触心理，她的内心是痛苦的，但没有人理解，没有人可以倾诉，也没有人来安慰她。如果情况一直这样下去，面对周围无情的冷漠，晴将会把自己封闭在黑暗的内心世界里。我把我的这些看法讲给这位母亲听，并给了她一些与晴相处的建议，这位母亲含泪离去。

对于晴的教育，我不打算直接去找她、安慰她，我怕揭她伤疤，她会排斥我。我就从生活中的点点滴滴开始，她忘带作业要去打公用电话，我就把手机借给她。她忘带钱无法吃饭，我就借钱给她。我还悄悄地告诉她的技能组长，技能课上多帮助晴，只要晴有点滴的进步，就多表扬她。由于晴的英语学习基础太差，所以成绩很不理想，为此她一直抬不起头来。于是我和晴进行了沟通，还让她妈妈给她专门请了辅导老师。慢慢地，我看到她脸上偶尔有了笑容，见到我还会怯生生地挤出"老师好"。一次家长会上，我当着所有的家长表扬了她。开完会后我单独把她留下并想听听她后面的打算。她跟我说："老师，我英语能跟上了，但是数学还不行，你能不能跟我爸爸说说，让他给我找个辅导老师？"一句简单的话语，让我看到了晴内心积极向上的劲头，看到了她那颗紧闭的内心世界在慢慢地打开，我知道这一段时间来我的努力没有白费，而且我也慢慢喜欢上了这个性格内向的孩子。

从那之后，我经常表扬她，小到值日、作业，大到考试和与更多同学的友好相处，我也逐渐看到了她脸上自信的笑容，我为她身上逐渐展现出来的这种积极向上的精神风貌而由衷地高兴。

第二章 倾注智慧之爱 转化潜能学生

【教师感悟】

　　每个孩子都有一座属于自己的乐园，我们不能发现它，那是因为我们还缺少一双智慧的眼睛。那些学习有困难、性格有偏差的学生，其实他们更需要老师正确的引导和温暖的鼓励来树立自信。充满爱意的关切，会改变一个学生的行为；反之，哪怕是一次不当的批评，也可能会严重挫伤孩子的自尊。所以，作为一名老师，尤其是班主任，学习好的学生我们要爱，学习一般的要爱，学习差的更要爱。让我们真心去温暖每一个学生，去关爱每一颗稚嫩的心灵，让每一朵花都绽放熠熠光彩，那么，我们将收获整片天空。

青岛烹饪学校　李欣

"大问题"要小处理

　　金无足赤，人无完人。我们不是圣人，犯错误在所难免，更何况是十几岁的孩子呢？作为教育工作者，对待学生更应该有一颗宽容之心，能宽容学生身上的缺点，不断提高自己处理学生问题的技巧。

——题记

　　每次新学期开学，任课老师都要求课代表收同学们的假期作业。而每次寒暑假回来，同学们都好久不见，一见面格外亲切，很多同学都会非常兴奋，不停地聊着假期的趣事，交作业的事大都不放在心上。放假前在学校养成的很多好习惯也都慢慢忘记了，这就给收作业造成了不小的麻烦。

　　我所带的2016级8班，在高二寒假归来收数学假期作业时，课代表收完向我汇报："老师，数学作业没有收齐，缺一个同学，按照当时上交作业登记的情况来看，小东已经交了，但是现在找不到他的作业本了，我也记得他交了，但是现在找不到作业本。小东怀疑他的作业本可能被别的同学拿走，写上别人的名字上交了。还有好多同学都没有写名字，我想再挨着核查一遍。"我一听就有点上火，这件事情牵扯到个人诚信的问题，是个大问题。如果这件事不处理，那以后的假期作业肯定还会出问题，如果去跟每一个同学进行核实，又太浪费时间，于是我想到一个办法，我让课代表先把作业本送给数学老师。在下午自习课上，我和大家说："数学老师表扬我们班，这次作业上交的速度是整个年级的第一名，但是唯一的不足之处是好多无名氏，好多同学没有在作业本上写上名字，你们都是好同学，学雷锋不留名。"大家听完都哈哈大笑，我接着说，"现在发布一个寻物启事，小东同学的数学作业本找不到了，大家都帮忙找一找。"

等着下午放学时，我们班的小李同学来办公室找我。他低着头，红着脸，不好意思地说："老师，真对不起，小东的作业本是我拿走了，这是我自己的数学作业本，我的作业没有完成。"说完他的头更低了，我立刻安慰他说："小李，没事，这次你承认错误的态度很好，值得肯定！"我本以为他会立刻离开教室，他竟然哭了，说："老师，我真知道错了，请您帮我保守这个秘密，我保证下不为例。"我答应替他保守这个秘密，并鼓励他端正学习态度，努力学习。他连连点头，"老师，您就看我的表现吧！"他诚恳的认错态度给了我一种教育的成就感。我庆幸当时没有为做出这种行为的学生贴上一个不诚信的标签。从那以后，小李同学积极参加班级的各项活动，代表班级参加学校艺术节的手抄报比赛时获得了一等奖。由于小李学习进步很大，尊敬老师，团结同学，热心助人，在高三的班级评优中，被评为了"三好学生"。

【教师感悟】

　　看到小李站在学校的领奖台上，手持"三好学生"证书，脸上的幸福与自豪让我又一次强烈感受到教师宽容对学生健康成长的重要性。所以，在日常的学习和生活中，对于我们的学生，像伤及学生自尊心的事情我们应该大题小作，而像习惯等之类的小问题，我们班主任应该高度重视，当作大问题去处理。

青岛电子学校　徐敬铭

认识自我，自律成材

> 德国著名作家约翰·保罗曾说："一个人真正的伟大之处，就在于他能够认识自己。"青少年时期是自我意识迅速发展的时期，渴望得到尊重和认可。中职学生普遍对自己的认识不足，评价不高。作为中职班主任，应该引导学生正确认识自我，全面分析自我，增强他们的自尊心和自信心。
>
> ——题记

"你马上到实验室来"，教务主任在电话中对我说。我跑到实验室，看到靠近走廊窗一侧的电脑桌坏了，电脑掉到了地上。"上节课你们班上实验课，你看怎么回事？"教务主任说。

我赶紧回到班里调查情况，我问到底是谁干的？一开始没有人说话，后来一个大个子慢腾腾地站起来。

怎么又是他？果然是他。同学们议论纷纷。我心里也厌烦地嘀咕：又是他！小杨！入校半年来，由于初中养成的坏习惯，他上课不认真听讲，总是说脏话，和同学关系不好，让老师们很头疼。

我问他是怎么回事，他说上完课后把耳机落在了实验室，可是实验室已经锁门了，他就从走廊窗爬了进去，往下一跳，桌子就塌了。我赶紧问他有没有受伤。拿耳机为什么不找老师要钥匙，而是选择跳窗子？他说初中都是这么做的，习惯了。

中职生正处于世界观、人生观、价值观形成的关键时期。这个时期，加强对他们的法纪教育，提高他们的自律意识，对他们的健康发展至关重要。这个孩子身上缺少的正是自律，我该怎么帮助他？

通过入校以来的观察，我发现他虽然上课不认真听讲，却一直在看课外书，他还时常拿着书来问我文言文的意思，现在他正在啃司马光的《资治通鉴》。他思维很活跃，语言表达也很好，所以总是抓着其他同学说个不停。最近《百家讲坛》比较火，既然他那么能说，又看了不少书，何不让他也来说一说。我把这个想法告诉他,他挺感兴趣,但很快他摇摇头说:"我不行,大家都不喜欢我,没有人愿意听。"我鼓励他:"不试试怎么知道不行。自律的人才能获得成功,因为他们善于有意识地控制自己,他们对自己的目标时刻都有着清晰的认知,并能专注于自己认定的事,在其领域深耕,最终取得一番成就。你也可以控制好你自己的。"他若有所思地点点头。从这以后,每周他都利用两次自习课的机会,开始自己的演讲,并给讲座起了个名字叫《小杨杂谈》。起初班里同学都嘲笑他,不相信他还能演讲,后来听得越来越有兴致,都期待着下一次。这大大鼓舞了他,课下他不断地查资料,翻阅书籍,增加他杂谈的内容和趣味性。

慢慢地他上课开始听讲了,他说老师讲的各个学科的知识可能会是他下一次杂谈的方向,也开拓了他的视野。而且当众的演讲,也让他的语言越来越规范,脏字也少了。后来学校组织班级间辩论赛,同学们想都没想,一致同意让小杨带队参加。小杨通过读书获得的知识,通过自律获得的习惯,将使他的一生受益无穷。

【教师感悟】

　　美国著名教育心理学家霍华德·加德纳的多元智能理论指出:"每个人都至少具备语言智能、逻辑数学智能等九种智能。"他说每个孩子都是一个潜在的天才儿童,只是经常表现为不同的形式。作为教师,要努力发掘学生身上的闪光点、优势长处,促使学生提高自我认识,对自身有更高要求、更多期望。当学生自我意识不断健全,他的自律意识也会随之提升。

青岛电子学校　周瑛

掌声响起来

　　一位白人教师在给一名长期受种族歧视的黑人孩子上课时，耐心地说："孩子，老师相信你是天底下最好的孩子，你不要紧张，仔细数数老师这只手上有几个手指？"孩子数了半天，终于鼓起勇气说："三个。""太好了，你简直太了不起了！一共才少数了两个。"老师的鼓励和赏识如同甘霖，孩子心灵轻松而舒展，眼睛一下子放出了自信的光芒！

——题记

新的一年开始了，2010年。

3月10日，全体学生报到。

学校要求8：00到校，三个同学迟到，杨越却没有。他已经坐在座位上，正低头读着什么，我心里很欣慰。班级里，这孩子最牵扯我的精力，上学期也想了各种办法和他交流，希望新的学期有个好的开端，报到第一天，不错！只是看他那头发，明显染了颜色，还卷曲着，这不符合仪容仪表的要求。我提出中午整改，学校的规章制度是必须遵守的。

中午一进教室，看见杨越剪短了头发，我目视着他，眼光中充满着赞许。杨越也感受到了，他抿着嘴，笑了。在新学期的第一天，面对他这么积极的表现，我觉得还应该说点什么。说什么呢？我想起本山大叔的经典台词："好！"随着话音，我使劲地鼓掌。同学们的情绪也被激发出来了，大家一起鼓掌。"这才是聪明人！"我对全班同学说。班里其他同学也开始严格检查自己的仪容仪表，相互提醒督促。榜样的力量真的好大！

3月11日，正式上课。

走进教室，我习惯性地捕捉杨越的位置，他来了，我的心就放下了。多好的学生，真是言必行啊！我再一次坚定：教育就是人格心灵的唤醒。

3月12日，杨越迟到了。午休去上网了，也没有回来。这个孩子，这学期是发誓要努力的。

3月15日，杨越迟到，旷午休……

3月16日，杨越迟到，旷午休……

3月17日，杨越早退，午休也没有回来。让人操心的孩子。

3月18日，杨越上午旷课，旷午休。昨天和他谈话了，答应得挺好，一转身就忘记了。他上学期积累的旷课节数已经达到勒令退学的标准了，可是我还是想努力观察一段时间吧。作为班主任，毕竟这样的孩子，能拉他一把就尽量拉一把。

3月19日，早晨进教室，先看杨越的座位，今天早来了，看来他也在努力调整自己。原谅他吧，能改正就好。冰冻三尺，非一日之寒。解冻，也需要时间！中职班主任最需要耐心和恒心。

3月22日，我疾步走进教室，同学们早已坐好，就等待广播响起到操场举行升旗仪式了。杨越的座位空着，我的心在下沉……"报告"，教室的门推开了，杨越站在门口，额头上布满汗珠。"老师，我没迟到吧?""没有，请进。刚才看到杨越不在，我好紧张，现在我的心情放松了。真好，在这样一个阳光明媚的早晨，我们全班同学又见面了。在我们这个家庭里，少任何一个人都是我不愿意看到的，所以我们尤其要感谢杨越同学给我们带来这份好心情，大家鼓掌。"教室里掌声响起来，我看到杨越已经在同学们的掌声中愉悦地融入了班集体。我经常把我的心情这样如实地和同学们交流，我相信，心与心的交流才能加深彼此的理解。

3月23日，同学全齐。

3月24日，全齐。

似乎，杨越再没有迟到过。高二开始直到毕业，他的表现得到所有任课老师的肯定。他担任了报检学科的课代表，成为了共青团员。高三实习，杨越成为工作岗位上的佼佼者，现在已经是公司经理宣传的模范代表了。

毕业前夕，家长送来一面锦旗：吐尽心中万缕丝，奉献人生无限爱，默默无闻无所图，织就锦绣暖人间。家长含泪握着我的手说："王老师，感谢您帮助了孩子，也帮助了一个家庭。您是孩子生命中的贵人。"

李镇西老师说："离开了对后进学生的研究与关注，素质教育不但是虚假的，而且是虚伪的。"作为职业学校的班主任，我深知后进生转化工作的重要性，越是后进生，越不需要体罚、训斥，不需要老师高高在上的说教，而需要一份爱心、一声赞美和一点真诚的心灵沟通。

【教师感悟】

　　心理学上有一个互悦机制，也称作对等吸引率，即我们通常说的两情相悦，这也是人与人交往的一个自然的心理规律。要让学生喜欢老师、信任老师，老师需先喜欢学生、爱学生。这一点对中职班主任显得尤为重要。

　　面对杨越的屡次违纪，我并没有放弃他，而是一直坚信他是个好孩子。我通过多种渠道传递信息，让杨越知道老师喜欢他，班级同学喜欢他，这个班级需要他。久而久之，杨越就开始认同班集体，喜欢老师和同学了，可谓有了"天翻地覆"的变化。

青岛商务学校　王晓丽

孩子，让老师拉着你的手

　　惩罚不是目的，更多的时候，它是一种提醒、一种尊重、一种信任、一种期待，如同让学生接受一次阳光的洗礼与照耀。

——题记

　　"老师，亓欣和隔壁班同学要打起来了！"班长急匆匆地来叫我。我立马跟着班长跑向出事点，只见亓欣正举着一把椅子准备往下砸。"住手！"我大声呵斥道，一个箭步冲上去用力扯下他高举的手臂。

　　这是我第一次当班主任时发生的事情。陶行知先生说过，对待孩子要"捧着一颗心来，不带半颗草去"。抱着这个信念，我下决心要把这个班带出个样儿来。万万没想到的是，亓欣竟然给我捅出这么大的一个娄子来。

　　看着他梗着脖子，一副天不怕、地不怕的样子，我的肺都要气炸了，我强压心头的怒火，低声命令道："到我办公室去！"

　　"究竟怎么回事？"在办公室里我训斥道。他愤愤地说："他们先欺负咱班同学，我找他们讲理，他们还骂人。""然后你就砸人家班啊？"我接过话来反问道："亓欣，你就不能让我省点心？"当时我的心都凉透了。任我平时屡次说教，他就是顽劣不改，这样的学生早该退学了，我心乱如麻，说："先回班写检查去。"

我马上叫班长过来了解情况。"老师，是别班同学骂咱班同学，亓欣本来是去替咱班同学打抱不平的，可是别班同学连亓欣一块骂了，还连他妈妈一起骂了！老师，您不知道亓欣从小是由他妈妈一个人带大的，要不是对方骂他妈妈，他也不至于砸东西。"等班长走后，我思索着，甩掉亓欣这个包袱，我会轻松不少，但把他推向社会，他的一生就完了。肩上的责任和心中的爱不允许我这样粗暴地改变一个孩子的将来。

写完检查，亓欣来找我，低着头准备接受批评。我拉起了他的手："亓欣，我知道你是为了替同学打抱不平，老师为你骄傲！"亓欣吃惊地看着我，惊讶我没有指责，而是给了他肯定的目光。"但是你只讲了义气，有没有讲正气？"他被我握住的手微微颤抖着："是他们骂我妈，我才……"我另一只手也握了上去，更加温和地说道："我知道你是个好孩子，只是你用砸东西来表达对妈妈的爱吗？""老师您别说了，我错了，希望老师……您能原谅我。"泪水从他眼角滑落。一时间，我觉得我握住的不仅是他的手，还有他的未来，我擦拭的不仅是他的泪水，还抚慰了他的心灵。

后来的一节晚自习，班长又来找我，"老师，亓欣有情况，快来！"我连忙冲到班里。"老师，祝您生日快乐！"我被突如其来的祝福弄蒙了。原来那天是我生日，亓欣提议全班给我庆生。他说："老师，要不是您的肯定和鼓励，我以后还会给您惹麻烦，是您让我知道未来的路该怎么走。"同学们一拥而来，此时我深刻体会到"我的手牵着他们的手，我的眼睛注视着他们的眼睛，我随着他们流泪而流泪，我随着他们微笑而微笑"。

毕业后，亓欢成了一名优秀的计算机操作员，他也经常给我打电话，好多次都跟我说："老师，谢谢您当时拉住了我的手。"我知道我用真心滋润了学生的心灵，他们用他们的成长给了我莫大的幸福。我愿播种下平凡的爱，收获孩子们不平凡的人生！

【教师感悟】

　　成功的教育不是喋喋不休的传经布道，而是春雨润物，不伤学生自尊，不丢学生面子，更不会引来学生的抵触和逆反。这样的教育，如煦日和风，令人心悦，令人诚服，不仅得体，而且温暖，既化解了矛盾，又增进了师生间的情感。

青岛电子学校　赵琳

我们的诗词达人

　　"凡是教师缺乏爱的地方，无论品格还是智慧都不能充分地或自由地发展。"作为一名教师，我们面对一个班级中性格千差万别、素质也参差不齐的学生，除了教育智慧，老师的爱也不能缺席。

——题记

　　入学军训的第一天，小刘同学就引起了我的注意。教官让大家自己练习动作的时候，只有他一动不动，休息时他也是一人站在角落里。开学后的问题更是接踵而来，各任课老师都跟我反映：上课老师提问他不回答，下课同学和他说话也不吱声……我心里有些焦虑，刚开学就这样，怎么办呢？以前的经验告诉我得从根源找问题，于是我决定去家访。通过家访我了解到：小刘母亲听力有问题，父亲靠做小生意维持生计，经常酗酒不回家，从小的家庭环境让小刘很自卑。知道这些后我心里酸酸的。在后面的日子中我也逐渐发现是自卑让他不敢和别人接触，我决定以信任护航帮他走出自卑。如何保证他顺利航行，帮助他建立自信呢？

　　在一次批改作业时，我发现小刘在作业本的后面抄写了几首小诗。又通过询问语文老师，我得知小刘是一个喜欢诗词的男孩，在作文中他对诗词的引用比较频繁且很到位。于是我就在班里特意安排了"每日诗词活动"，每天由一名同学上台讲解一首诗词。轮到他的前几天，我就安排他同桌和他一起在课下查找材料，根据同桌反映他的材料准备得还不错。可是当轮到他上台时，他还是低下了头。他同桌根据事先的安排和几个班委一起将他推上了讲台，小刘很激动但也能看出他的兴奋。诗词的讲解还算成功，就这样他迈出了走向自信的第一步。

有了第一次，我心里暗暗有点成就感，为了让小刘从自卑的阴影中继续走出来，我跟每位任课老师都提前打招呼，争取在课堂上多给他一些表现的机会，我也跟班里其他同学说，课余时间主动和他接触，哪怕被他"拒绝"，也要多给他关爱。从那以后，他逐渐能跟他周围的同学有一些交流。让小刘转变最大的是在学校组织的剪纸比赛中，他踊跃报名还拿了一等奖。当时，全班同学都为他欢呼，这让他的自信心有了一定的增长。当然，我们的"每日诗词活动"依然在继续，在小刘喜欢的诗词领域里，他已经不再需要同学们的协助，能自己独立完成对于诗词的讲解，而且讲得有声有色，同学们还送给他一个"诗词达人"的美称。在老师和同学们的共同帮助下，小刘开朗了很多，上课有时还会主动举手回答问题。

【自我感悟】

　　健康的心理对每个孩子都至关重要。而当今社会的多元化也给了孩子各种各样的冲击，如果没有正确的引导，非常容易出现各种心理问题。要解决孩子的心理问题，首先我们要温暖孩子的心灵，再想办法帮助孩子走出心灵的沼泽地，建立自信，走进阳光地带。

青岛电子学校　郑杰

羞涩少年成长记

　　苏霍姆林斯基说：教育者的关注和爱护在学生的心灵上会留下不可磨灭的印象。因为这一条鸡腿，一句鼓励，羞涩少年一步一步成长起来。

——题记

　　"老师，我终于考上本科了！"电话那头传来静静兴奋的声音。这是当初那个安静、腼腆、一说话就脸红的男孩吗？我的思绪回到了三年前，开学后第一次竞选班委。

"我要竞选班长，希望同学们支持我！"当静静小声地说出这句话时，班里顿时一片哗然，在他们眼里静静什么特长也没有，一说话都会脸红，怎么会竞选班长？结果自然是落选了，我看出了他的失落，和他进行了一次长谈。"静静，你为什么想竞选班长啊？""因为您给过我一条鸡腿"，他的脸刷地又红了。

原来如此。军训的时候，我细心地观察了同学们。静静虽然入学成绩倒数，人也非常害羞，但会小声哼着林俊杰的歌，而且做事很认真。站军姿时，很多同学都坚持不住，偷偷做着小动作，而只有静静一直在咬牙坚持，双腿已经开始发抖，却仍然紧绷着。中午吃饭的时候，我把我的饭盒里的一条鸡腿夹到了他的饭盒里。"多吃点，下午继续努力，加油！"就是这一条鸡腿，让他记忆如此深刻。

接下来我问他："你知道同学们为什么没有选你吗？""因为我学习太差，没有优点！"他沮丧地说。我鼓励他："每个人都是独立的个体，每个人身上都有闪光点。同学们没有选你，不是因为你不好，而是大家不了解你。你要用实际行动把真实的你展示给大家，把军训中的这种精神带到学习和生活中去。老师知道你很喜欢林俊杰，那我们就从唱歌开始吧。"静静抬起头，眼中充满了希望。

在班里举行的歌唱比赛中，静静以一首林俊杰的《她》赢得了同学们的掌声和欢呼声，后来又作为领唱带领班级参加了学校的合唱比赛。从此，他越来越自信。乒乓球比赛、火车站的志愿服务都有他的身影。不仅如此，他在学习上也特别努力，每一次考试都有显著的进步，从入学时的第32名到第12名，再到全班第2名。每一次小小的成功，都促使他下一次自信满满地出发。最终在班委的改选中他得到了全班同学的认可，成功地当选了班长。

后来学校要进行国赛的技能大赛选拔，我鼓励静静去参加，他有些犹豫，不知道自己能不能行。我说："不试试怎么知道行不行。习近平总书记告诉我们，中职生要立志追求人无我有、人有我优、技高一筹的境界，学到真本领，用勤劳和智慧创造美好的人生。参加比赛的过程也是一次锻炼机会呀。"听了这些话，他露出了坚定的神情。结果他成功入围学校集训队，接下来封闭训练，市赛、省赛，一路过关斩将，最后获得了全国技能大赛的铜奖。

国赛获奖，静静能够申请市级优秀专业人才，可以参加春季高考，免试专业课。这意味着只要考好语数英，他就有机会进入本科院校学习。他拿不定主意，便来问我。我问他："你想上本科吗？"他斩钉截铁地说："想上！但我的文化课基础太差，怕考不上。"我拍拍他的肩膀，对他说："无论选择哪一条路，都要付出努力，也都要承担后果。趁年轻，应该走出舒适区，勇敢挑战自我。就像国赛一样，老师相信高考你也一定能行。"功夫不负有心人，他成功了，拿到了大学录取通知书，并当选了市级优秀学生。

【教师感悟】

威廉·杰姆斯曾说，人性最深层的需要就是渴望别人的赞赏。没有赏识就没有教育。赏识教育的奥秘在于让孩子觉醒，了解自己的优点和长处。每一个生命觉醒的力量都是排山倒海、势不可挡的。我看着静静一路走来，当初那个羞涩的普通男孩已长成了阳光、自信的翩翩少年，破茧成蝶，自由飞翔。

青岛电子学校　周瑛

用赏识的眼光铸就孩子成长

> 载有爱的目光，哪怕是仅仅一瞥，那么他们幼小的心灵也会充满阳光，享有滋润……
>
> ——题记

哲学家詹姆士指出："人类本质中最殷切的要求是渴望被肯定。"肯定，也就是赏识。经过这些年的教育见闻和经历，我特别赞同这个观点：一个教师只有用自己对学生的爱，去感染学生，去赏识学生，那就肯定会给学生带来许多有益的改变。

哲，是转学来的学生，从小父母就不在他身边，一年中也难见到几次，他是和外公外婆一起长大、生活和学习的。父母都不在身边，老人对孩子的教育就是溺爱，想管也力不从心了，以至于哲养成了天然的以自我为中心，行为习惯随性、懒散、任性，爱动手打架、和同学关系较差，三天两头有同学告他的状……这些不良行为习惯，纠正起来难度是可想而知的。孩子不但在行为习惯上差，而且各科的成绩也较差。作业经常不交，欺瞒老师和家长，我多次与他年迈有病的外公沟通，老人也是力不从心，扼腕叹息。我也不忍心让老人一趟趟地赶来学校，家校教育一度失去了必要的效果，那段时间我几乎对孩子失去了信心……

值得庆幸的是，孩子的父母意识到再不对哲进行管教，后果将不堪设想。在我的强烈建议下，孩子父母从外地回到青岛。就孩子问题，我与家长进行了深入交谈，确定了以"赏识"为切入点，在生活和学习中对他做得好的，哪怕是一小点，都要及时给予鼓励。同时对不良习惯要严肃批评，但要注意批评的方法，戒除责骂。

说好就做，我们发现，哲喜欢表现自己，爱好文艺和画画，于是我让他当了美术课代表，并把这个月的黑板报也交由他负责筹划。哲忙起来了，看他每天查资料、布置黑板、和同学一起画图写字，虽然还会和同学出现分歧，但我会及时给予分析和处理。很快新一期黑板报大功告成，我专门辟出时间介绍了哲办报的整个过程，表扬了他和同学们通力合作、不计较得失的精神，从而做出了美丽的黑板报。同学们不由自主地给他长时间的掌声，此时我看到哲的眼里充满了自信和骄傲。接下来我趁热打铁，让他举办了一次班会，通过系列活动让他忙碌起来，无暇顾及疯闹，也让他在活动中学会和同学相处。同时我还告诫他，一个完美的人除了活动积极以外，学习也不能落下，于是又在学习中给他安排了小帮手，遇到他作业做得不好时，我也会及时耐心地指导，鼓励他做得再好一点。哲的妈妈也经常和我微信交流，每次哲在家中做家务、刻苦练习技能时，他的妈妈都会及时"悄悄"地告诉我。经过家校长时间的共同努力，我们发现哲真真切切的进步，正在朝着更好的地方改变。我打心眼里为他感到高兴，我想这也许就是当老师最幸福的时刻吧！

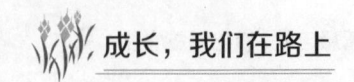

> 【教师感悟】
>
> 教育的目的就是使每个学生都能沐浴在爱的阳光里，健康快乐地成长。作为老师，我们要站在助力孩子成长和鼓励孩子进步的角度去发挥自己的智慧，多发现孩子的优点，使他们乐善好学，学有所成，用我们点滴的"赏识"铸就孩子绚烂的未来！
>
> 青岛烹饪学校　李欣

成长需要鼓励

美国心理学家詹姆斯有句名言："人性最深刻的原则就是希望别人对自己加以鼓励，这样不仅让自己有进取之心，更重要的是能产生不断超越与突破的动力。"

——题记

班里一共四个女生，马瑶给我的第一感觉就是非常娇小，脸庞清秀、文静，说话细声细语，给人一种不够自信的感觉。

经过接触，我发现她学习态度端正，上课专心听讲，紧跟老师步伐。下课后，能很好地完成老师布置的作业。有时老师给她布置任务，就算她生疏到不会做，她也会慢慢学习，努力达到老师的标准。

入学不久，我就了解了马瑶的家庭。父母离异，并各自成家，她现在住在小姨家，小姨夫的脾气又是异常暴躁。寄人篱下的生活让她缺乏关爱和安全感，也让她变得特别不自信。

可她是我班入学成绩第一名，我一定要改变她自卑的性格。在任课教师和同学的鼓励和支持下，她做了班级学习委员和英语课代表。但她觉得自己胜任不了这些任务，我就开导她："凡事都有第一次，我们帮你"。我相信她能做好。在老师和同学们的帮助下，马瑶很快熟悉了这两项工作，而且做得井井有条。

马瑶的小学同学就在隔壁班，她告诉我马瑶唱歌可好了。高一校艺术节，我就动员马瑶报名参加校园歌手大赛。开始她瞪大了双眼就是不肯报名，是文艺委员强行给她报了名。名已报，接下来就是备赛了。我让她每天下午自习课结束前在全班同学面前演唱她的参赛曲目。开始她特别紧张，脸通红，甚至忘记了歌词，但经过两天的练习之后，第三天她就演唱得很自如了。我还带她去隔壁班练唱过两次，帮她克服了紧张心理。比赛虽然只拿到了二等奖，但是她的自信却是任何奖项都无法衡量的。经过了一次校园歌手大赛之后，马瑶对于参加各种学校活动都不再打怵。只有四名女生的我们全部报名参加了校运动会。赛前马瑶也很紧张，但我告诉她，凡事只要尽全力就好。最终我们竟然能拿到校运动会女子团体总分第七名的好成绩，这其中马瑶立下了汗马功劳。

我特别心疼马瑶，经常找她聊天，了解一下她心中所想。我一直鼓励她，人生本就不是一帆风顺的，家庭带来的痛苦对于她来说也是一种磨炼，她逐渐接受了我的这一观点。有时我也会送她礼物。她总是跟我说，她很幸运遇到我，遇到这个班级，她感受到了家没能带给她的温暖和幸福。两年多来，在我的不断鼓励、肯定下，她在一点点变化：从一开始不敢大声说话、脸红，到现在积极参加各项活动，早上带领大家早读，在全校面前演讲和唱歌。她对班级默默地付出着，各科任课老师和同学们都很喜欢她，对她的评价也高。她变得自信了、大方了、成熟了，内心也越来越坚强。

虽然她现在还是觉得自己很渺小，但我一直告诉她，一个人内心的强大才是真的强壮，我也一直在和她共勉。

【教师感悟】

老师给孩子无限的鼓励和力量，当孩子们凭借这样的力量取得一项项卓越的成就，成长为一个善良的、内心强大的、有社会责任感的人的时候，我们也会从中感受到一股前进的力量。

青岛电子学校　李志芳

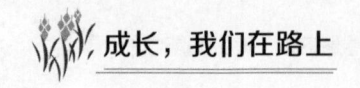

在磨炼中增强自信

> 每个学生都有优点、亮点，也都有缺点、不足，教师要相信人人都有才，人人都可成才。要努力发掘每个孩子的潜能，锻炼学生，培养学生。
>
> ——题记

操场上春风和煦，阳光温暖惬意。同学们都在享受春意，尽情地玩耍。赵同学静静地坐在操场边上，时而看看这边，时而看看那边。"他为什么不和同学一起玩耍？难道不合群？"刚刚接手新班，我对这个新同学没什么印象。军训时只记得他是比较安静的一个，跟其他同学没什么交流，也不主动找我聊天。

在后来的接触中，我发现赵同学认真、勤奋，但是一找他聊天，就能看出他的紧张，不敢拿眼睛看我，说话甚至有时候结巴。对于这样的孩子，我觉得主要是缺乏锻炼，缺乏自信，平时和别人交流、沟通的少了，需要先从树立他的自信开始。

于是，在一次聊天之后，我提出让赵同学担任数学课代表，他的第一反应就是："老师，我没干过，我不行。"我说："没事，你先试试。"接着，我告诉他如何收作业、如何交作业、如何统计作业，并且安排学习委员专门协助他收作业，并和数学老师介绍了赵同学的情况，请他多关照。

不到一个周，赵同学就熟悉了收作业的流程，也能较好地处理不交作业的情况。看到自己的转变，他也比较高兴，也有了一定的自信。

在家访中我了解到，他是单亲家庭，自小跟随父亲生活，他父亲管得严、管得多，造成了他的胆小，没主见，没自信。我与他父亲进行了一次长谈，跟他交流了一些教育孩子的方法和注意问题，他父亲也同意慢慢改正。

高一第二学期要进行新一届班委竞选，我鼓励他参加。他惊讶地看着我："老师，当着全班同学，我可能……说不了话，没法……没法竞选演讲。"

在我的多次鼓励下，他终于答应试试。为了做好这次竞选，他认真撰写了竞选稿，我也帮他进行了修改，并多次让他在我和办公室其他老师的面前试讲。他从紧张、结巴、面红耳赤到慢慢较为流畅地讲完，经历了十多次的试讲。在最后班级竞选中，他的演讲比较顺利，虽然也有卡顿，也有脸红，但是整体比较好，同学们给予了热烈的掌声。在最后的班委任免中，考虑到他的能力和实际情况，我任命他为宣传委员，负责相应的组织、宣传工作。

他承担的工作越来越多，自信心也越来越强，他也变得开朗、活跃起来，这个转变是让人高兴的。

【教师感悟】

学生是不同个体，每个个体都有其差异。老师要洞察其不同，才能因材施教。这份洞察力很重要，老师要想获得这份洞察力，只能耐心，只能多看、多想、多实践。

青岛电子学校　林嘉青

我相信你能行

> 要尽可能多地要求一个人，也要尽可能地尊重一个人。
> ——马卡连柯

初见他，一个皮肤黝黑、帅气阳光的运动型男孩。刚入学时，他第一个到宿舍，只见他拿起笤帚就开始清理宿舍卫生，热情麻利地帮助其他舍友，我开始关注这个男孩子，心想他能不能成为我的好帮手？打开他的初中档案，因为顶撞教师有过一次处分，中考成绩在班里属于中下，我有些犹豫了。接下来是新生军训，我指定他为班级临时负责人，他积极性很高，协助教官训练，帮助同学解决生活中的小问题，大家都很信任他，因为名字里有个飞字，同学们都称他为"飞哥"，感觉带点江湖义气。军训结束后，我班获得了最佳方队称号，"飞哥"也取得了个人军训标兵称号。他的情商很高，也有很强的管理能力，放弃这样的苗子有点可惜，经过深思熟虑之后，我决定让他当班长。当我询问他的意见时，他一脸的吃惊和惊讶，说："老师，我能行吗？我可从未当过班长。"接着他低下头小声说道："我成绩不好，初中还被处分过。"我马上鼓励他："敢于承认自己的错误需要很大的勇气，这你都能做到，我相信没有什么能难倒你的。做班长，我相信你能行的，而且能做一个个好班长。"

我在班级里宣布，班委成员我放权让他自己选择安排，班级里的很多事情我都尊重他的意见。他非常珍惜我对他的信任，高一第一次参加校篮球比赛，他当控球后卫，为了锻炼球队的默契和配合，放学后，他组织大家训练运球、传球、投篮，有时都训练到很晚，但比赛结果还是输了。他失望地告诉我："老师，那么努力也没进四强，对不起。"我告诉他："篮球赛除了结果以外，更重要的是提高班级的凝聚力，你做的已经很好了，相信自己，还有下一次。"第二年校篮球赛，他们进了四强，并获得了第二名的成绩。

"飞哥"也是一个细心而温暖的男孩，高二合唱比赛时他除了积极组织大家练习之外，在天气炎热时他还为大家准备了水。学期初他总是第一个到校安排卫生，每天晚上上完自习课都是他关灯锁门。小小的举动却温暖着大集体里每一个人的心。他平时话比较少，但是只要同学向他寻求帮助，他一定会竭尽所能去帮忙。他也收获了班级同学对他满满的信任和喜爱。

由于"飞哥"学习底子比较薄，尽管他在学习上比较努力，但进步不是太明显，不过最起码能在中游站稳脚跟。一次家长会后，"飞哥"的爸爸很激动地跟我说："李老师，孩子能有今天我们原来是想都不敢想的，他初中就是混下来的，成绩一塌糊涂，我们说什么他都听不进去。当时我们就想给他找一个好一点的职业学校别学坏了就行。没想到来到咱班上，你还让他当了班长。他在家就经常跟我们说，他一定得努力，好好学习，用心做事，绝不能给你丢脸！这个孩子在家里变化也非常大，感觉上进了，懂事了……"听得我心里暖暖的。

【教育感悟】

　　人生总有很多不期而遇却又像是安排好的事情，你要相信遇见的每个孩子都会给你带来不同的惊喜，我们不要抗拒学习成绩差的学生，我们要善于发现他们身上的闪光点，给予他们更多的尊重，他们一定会还我们一个惊喜。

青岛电子学校　李志芳

爱的魅力

　　教育家夏丏尊曾经指出："教育没有情感，没有爱，如同池塘没有水一样。没有水，就不成其池塘，没有爱就没有教育。"我们老师要用爱心去播撒希望的种子，用我们自己的一泓清泉去浇灌芳香弥漫的鲜花，这样的画面一想起就会觉得很温馨。

——题记

　　选择了教师这个充满魅力的职业，就踏上了心灵之旅，每天我都用爱心和高度的责任感去对待我的学生，让他们沐浴着爱的阳光茁壮成长。

　　去年我担任了高一的班主任。学生刚进校门，对新的环境充满了好奇，一个个像小鸟一样，这里瞅瞅，那里看看，不时和周围同学有些讨论。面对一张张青春而又充满稚气的脸，我也对他们充满了期待。但是就在这和谐的局面里我发现了一笔不"和谐"的色彩：一个坐在教室角落里的学生，一直默默不语，低着头。当我走过去问他的姓名时，他忧郁的眼神提醒我：他需要我更多的关注。这个男孩我们姑且叫他小鞠吧。我每天一进教室，会先看看他有没有来。开学的第一课是军训，小鞠虽然是班级最后一个进入教室的，但是没有迟到，第一天的训练也平安无事。军训第二天，随着训练强度加强，小鞠突然跑向我哭了起来。我大吃一惊，赶紧安抚他，带他来到阴凉地。等他平静下来，我们进行了开学后第一次面对面、一对一的交流。他对我说他有恐惧症，暑假刚刚在上海治疗过，现在还在服药。他感觉自己齐步走走得不好，总感觉大家在嘲笑他，于是就崩溃了。我内心感到很震惊，自己干了十多年的班主任，还是第一次碰到这样的情况！我唯有鼓励他，努力就行。我悄悄地把教官叫到一边，跟他交流了小鞠的情况，并请教官多鼓励他。我还找到他周围的同学，告诉他们：如果有同学动作做错，大家不要笑。我马上用手机查询关于这个疾病的信息和注意事项，并及时联系了小鞠的家长，从小鞠妈妈那里我了解了小鞠发病的原因及孩子在初中的表现，也询问了一些在学校我们需要注意的事项。整个军训期间，在我和教官的一再

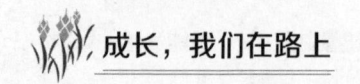

鼓励下，小鞠也努力跟着训练。

军训结束后，正式开启了高中的学习生涯，但小鞠还是低头不语、闷闷不乐，老师上课提问也从不作答。但不知为什么，小鞠对我特别信任，情绪低落时会主动找我交流，我竭尽所能去开导、帮助他。同时我还了解到班里有个学生和小鞠是小学同学，我就安排他俩做同桌，希望他们多交流，也让周围的同学多帮助他的学习。经过一学期的努力，小鞠脸上偶尔能露出一点笑容，偶尔还和周围的同学进行简单交流，甚至有时候还去我的办公室问问题。他的学习成绩有了较大的进步，学习成绩从入学时的三十八名上升到班级第八名，成绩非常喜人，老师、家长以及他本人也都非常满意。小鞠学习的劲头更足了，也开朗了许多，自信也慢慢被点燃。

世界上有不能点燃的熏香，但它发出的香气，和其他花园里的气息以及宇宙其他风所送的气息更加的馥郁芬芳——这就是爱的沉香。

【教师感悟】

作为班主任，我们要爱每一个孩子，用爱去激发他们的优点，用爱去溶解他们的缺点，帮他们建立起自信。也许我不能成为冰心笔下那位随时播种便能开花的班主任，但是我们可以用我的爱去抚慰孩子的心灵，尤其是受伤的心灵，让班主任的爱和沉香慢慢升起……

青岛电子学校　徐敬铭

接纳学生，做幸福班主任

接纳学生是教师对学生爱的表现，也是教师对学生爱的能力的体现。接纳是缩短教育者与被教育者心理距离的必要手段，是班主任对学生进行成功教育所应掌握的一种技能。

——题记

李镇西老师经常谈"以心灵赢得心灵"。带完调酒班，我对这句话就多了一层感受。很多时候，我们可能无法选择学生，但是我们可以选择合适的教育方式。带调酒班没有烦恼，这是一句假话，用一段哲学上的话和大家分享：物质世界丰富多彩，人和人也是各不相同的，千篇一律不叫世界。认同学生差异，体验差异带来的挑战，不带任何功利色彩的教师则能从内心深处接纳他们，然后创造机会和条件帮他们不断进步，你会发现，他们在一天天进步，你的成就感也会一天天提升。

  每一个青春期的孩子，都有一颗积极向上的心，即使有的孩子在成长中出现了一些问题，但他们不是十恶不赦的坏蛋，有时候这些问题并不是他们自己的过错，确切地说，是家庭和学校一些不当的教育方式造成了现在的他们。我们班有一位小朱同学，看她的第一眼就知道这学生必然惹祸。但是从报到的第一天她就告诉我她擅长绘画，并且主动承担了军训手抄报的工作。军训期间，当别的同学在休息的时候，她就绘制手抄报，我以此为教育机会，认可她，鼓励她。军训结束前的一个晚上，她对我说："老师，你是这些年第一个表扬我的人，我来咱学校的时候特别害怕被老师认为是坏学生。"我说："老师不认识以前的你，我眼中的你就是现在的你，现在的你是一个积极乐观、才华横溢的你，我相信你以后会更优秀的。"她坚定地点点头，"老师，您放心，我以前是一个没人管的学生，只要您愿意管我，我什么都听您的。有个人管真好！"然后，她讲了她的成长经历：父母离异，妈妈不要她，但是她的爸爸经常出差，唯一能给予的就是钱，那段时间没人在乎她的存在，即使是生病。后来学习成绩越来越差，老师也渐渐远离了她。一次放学，几个六年级的学生在小区门口堵着她跟她要钱，吓唬她，她十分害怕，就把钱给了他们。再后来，这几个学生经常跟她要钱，吓的她不敢放学回家，就躲到网吧，再然后她知道了酒吧，这个可以更晚回家的地方。在酒吧，她结交了一些所谓的社会人，这些社会人让她不再受欺负。她很无奈地说："然后我就成了这个样子。"她平淡的语气仿佛在说别人，这个花季的女孩是经历了多大的失望语气才会这样的平淡？我抱了抱她："一切都会好起来的，咱们一起努力！"开学后的那段日子很忙，各种表格需要完善，有一次微机老师跟我说："你班小朱同学真好学，主动找我学习Excel，还特别关注咱们的学生入学信息的填写。"下午放学，小朱开心地跑到办公室，"老师，我弄清楚Excel了，我和您一起弄信息表吧。"我夸她热心、勤奋的同时，趁热打铁，鼓励她把扔了多年的钢琴和绘画利用周末和晚上再重新拾起来，争取在艺术节上有所展示，她欣然答应了。这个冰雪聪明的孩子还跟我说：“老师，我已经不再和酒吧的那些人来往了，我跟他们说我现在很忙，晚上和周末都得上辅导班。”我欣慰地看着她，是的，当班主任以一颗真诚的心去接纳学生一切的时候，这不仅是学生的幸福，也是班主任的幸福，因为我看到了成长的力量！因为接纳不是被动的接纳，而是引导，这种引导不是单纯的说服教育，而是一个扬长避短的过程，用他们的优点去激发他们的动力和信心。

【教师感悟】

学生需要得到教师的接纳与认可，并且希望教师能站到他们的立场上，认为自己是有能力的、受重视的，使他们有一种安全感。这样，他们会以一种积极乐观的态度面对学习和生活，面对各种各样的挫折和困难。所以，接纳学生不是把学生作为学生来接纳，而是把学生作为一个鲜活的生命来接纳，这种接纳表明了一种真诚的平等和尊重，是生命与生命之间的平等，是一个生命对另一个生命的尊重。

青岛烹饪学校　李欣

响鼓还需重锤敲

在我们的教育教学实践中，经常会遇到一些骄傲自负的学生。他们在某一方面很优秀，但却又喜欢目空一切，不肯脚踏实地的学习或做事，最终导致不堪设想的后果。找出他们骄傲自负的原因并帮助他们克服这种心理，需要老师的智慧。

——题记

教学这么多年来，我一直用一份简单而真诚的心来教孩子们，再多的辛苦劳累在孩子们纯真的笑容之下都会烟消云散、无影无踪！

优秀生和后进生总是相对的，特别是对于中职的学生，初中时在班级的中下游，来到中职后有可能会进到班级的上游。班上就有这样一位胖胖的、高高的学生，舍友送他外号"小胖"，慢慢地"小胖"也成了全班同学对他的称呼。"小胖"数学成绩年级第一，专业课成绩也特别好，只有英语比较弱，几次考试下来，始终保持在班级前五。初中时一直徘徊在中下游的他这次可算是扬眉吐气了，小尾巴逐渐翘了起来。有时同学向他请教问题，他就有些爱答不理，有时甚至还打击同学："你怎么这么笨呢！"一时间好多同学对他有了看法，我也看出了这个苗头。

很快，我们迎来了第一次校级篮球争霸赛。"小胖"平日最爱篮球，他对这次争霸赛充满期待，我就顺水推舟指定他做本次篮球赛的队长，全权负责本次篮球比赛。首发需要五个人，刚开始，全班要参加的只有三个人，还差两个人，他觉得没有希望了，就想弃权。其实有两三名同学就是因为小胖有些自傲，对人说话太不客气，故意要为难一下他。我让他帮我分析班里还有谁可以上场，他们为什么不想报名。慢慢地小胖意识到了他前期行为的不当，于是决定放下身架去求求那几个同学，最终在他诚恳的劝说下凑齐了五个人。经历了这次不容易的组队，他更加珍惜这次机会，每天一放学就拖着这四个人去操场训练。

很快迎来了第一场比赛，他表面看起来很淡定，实际心里非常紧张，因为这场球赛代表的不仅仅是输赢，更多的是关乎荣誉，以及下一场比赛的资格。经过他们五个人的齐心协力，接连赢下了三场比赛，迎来了冠军之战，在第三节的时候他不小心把脚崴了，这时候大家都让他下来休息，但是他知道如果他下去，这场比赛一定会输，他拼命地坚持着，最终赢得了这场比赛，为班级挣得了"第一份荣誉"。获得这份荣誉，我着实在班上好好表扬了"小胖"一番，但是鉴于开学初"小胖"的骄傲行为，我也在私下里不断给他提醒。好在有了求人参赛的经历，避免了骄傲的再次发生。同学们也很佩服"小胖"为班级荣誉拼搏的勇气，对他也是刮目相看，"小胖"在班级的威信逐渐树立起来。

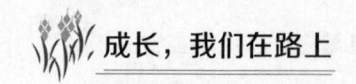

> 【教师感悟】
>
> 面对那些骄傲、自负的学生，我们一定要找到其自负的原因，给学生适当创造遭遇挫折的机会，经过适当的挫折可以使学生的心理机制健全，不至于过分自负。学生遇到困难时，自己动脑想办法解决，只有靠自己去排除困难、解决问题，学生才会清醒地认识到自己并不是全能的，并不是最强的。这样才有助于学生回到正常的心理轨道上。
>
> 青岛电子学校　李志芳

促进情绪调节，塑造健康人格

前苏联教育家乌申斯基说过："在教育中，一切都以教育者的人格为基础。"教育的目的是使每个受教育者都得到全面发展，倡导这种发展，包括精神方面、道德方面、创造力方面、情感方面和体魄方面的发展，学生受教育的过程就是完善人格和学会调节自己的过程。

——题记

十多年的班主任工作，有欢乐，有泪水。职业学校的学生正处于青春期，性格波动比较大，经常会出现脾气失控的情况，造成关系紧张，影响学习和情绪。

我曾带过这样一个学生，名叫小瑞，学习比较努力，但成绩一般，脾气急躁，性格较为内向。高一刚开学时，他就出现过情绪不高、旷课等情况。按照班级规定，迟到或者旷课就要进行值日。但是小瑞一直对于这个处罚比较抵触。有一次在被处罚值日时，他感觉处罚不准确，情绪失控，甚至对我和卫生委员出言不逊。此时，如果我对他的这种态度进行训斥或者给予更多惩罚的话，关系就会越来越僵，既起不到教育的目的，也有损师生间的感情。事后我找出班级的出勤记录本，把全班同学的迟到和旷课的情况全部整理出来，然后单独找他谈。等看完全班的出勤情况和班级的管理规定后，他意识到老师和卫生委员的做法并没有针对他。他逐渐意识到了自己的错误，情绪逐渐平缓下来。从那以后，我惊喜地看到他再也没有旷课过，迟到的现象也基本消失。

作为班主任，我们会经常要处理学生与其他任课老师间的矛盾。有一次语文课，小瑞不愿意写作文，还与语文老师闹起了矛盾，语文老师把他送到了我的办公室。我先让他冷静一下，之后了解了事情的前因后果，同时还了解到小瑞对语文一直不感兴趣，最不愿意写作文，从小学就是这样。我跟他交流了很多，如语文的重要性、他的学习潜力以及如何提高语文学习成绩和兴趣等。此外，我还指出了小瑞性格暴躁的缺点及它的危害，小瑞也承认自己在发完脾气之后也会后悔。我们一起探讨了如何来控制自己的情绪，比如可以用运动或听歌等活动来缓解急躁情绪，我也建议他到网上找找管理情绪的一些方法。我对小瑞说："老师不指望你一下子就改掉这种急躁冲动的毛病，但老师希望你慢慢变好，老师也会给你帮助。"也许是我们深入的交流触动了他，之后，小瑞的表现好了很多，与老师和同学们的关系也融洽了不少。期末考试，他的语文成绩竟然达到了班级的平均分，我抓住这个机会，及时在班级对他大力表扬。小瑞自己也很开心，学习的积极性也得到了提高。更为关键的是小瑞对问题的处理也冷静了很多，直到毕业时，他再没有出现与老师或同学发生冲突的现象。

班主任在教授学生知识的同时，也要注意对学生为人处事方式的引导，培养学生平和的心态和良好的性格，为将来立足社会做好准备。班主任在与学生打交道的过程中，有时会碰到暴躁型的学生，我们要注意策略，在教育的过程中要避其锋芒，了解学生心态，尊重学生，稳定其情绪，循循善诱，真正转变学生的思想，解决实际问题。

【教师感悟】

　　学生的不良情绪会引起精力分散，降低学习效率，严重时还会脾气暴躁，造成人际关系的紧张。所以班主任一定要注意培养和引导学生学会自我调节情绪和塑造健康人格的能力，用积极向上的态度去迎接人生一个又一个挑战，不断调节自我，争取更大的成功！

青岛电子学校　徐敬铭

成长，我们在路上

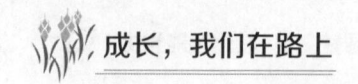

你若放弃，比赛就提前结束了

> 前苏联教育家苏霍姆林斯基说："教育首先是人学，不了解孩子，不了解他的智力发展，他的思维、兴趣、爱好、才能、禀赋、倾向，就谈不上教育。"
>
> ——题记

刘博是班里的一名住校生，成绩在班里属上游，但他总是独来独往，其他住校生都是三五成群一起打饭、吃饭，只有他总是一个人坐在角落里，显得格外孤寂。我找他谈话，他也总是低着头，半天说不出几句话，课堂上也是极少回答老师提出的问题。通过家访我了解到：他的父母都在韩国打工，每年只有春节回来几天，平时都跟爷爷奶奶生活在一起，是班里的留守儿童，与父母根本没有感情，没有享受到父爱和母爱，性格孤僻、内向，拒绝交际。他唯一的爱好就是打篮球，但也总是一个人打球。

我鼓励他跟其他同学多沟通，他点头答应，但我观察了几天，虽然有时班干部主动接近他，但他还是给人一种爱答不理的感觉。有时我想：不影响学习，就随他吧，但转念一想，为了孩子以后能顺利进入社会，我不能提前放弃。

我在寻找契机。一天体育课，我看到他自己在一个篮板底下打球，我拿起篮球走过去，他看了我一眼。我说："其他篮板他们都在比赛，我只好来和你分享这个篮板了。"跟他打了一会篮球，我随口说："你篮球打得不错，投篮也很准，篮球节快到了，你也报名吧。"不等他回答，我继续说："班里只有4个同学会打篮球，还差一个人，你不会拒绝为班级做贡献吧。"于是他就这样半推半就地接受了。

第一场篮球预赛输了，比分差距很大，我找他们几个谈话，畅所欲言，互相找找原因。队长先表态说："我们总是单打，不传球。"其他几个也都表示他们配合不够好，刘博表示他想退出，我说："如果你放弃的话，咱班篮球比赛就提前结束了。"刘博面露难色，但还是留了下来。

从那天起，我陪着他们一起练习打篮球，篮球是团体运动，对团队协作能力要求高，只有沟通得好才能打好配合。所以在篮球练习过程中，刘博不得不与大家交流、配合。慢慢地他有了这几个好朋友，跟我也亲近了很多。他逐渐地在班上与同学说话多了，跟别人交流起来脸上表情也丰富了。

高中学生人际交往中的心理障碍，不仅影响着同学之间的正常交往，而且影响着学生个体的身心发展和健康成长。因此，作为老师，要了解每一个学生，寻找教育契机，帮助中学生努力克服人际交往中的心理障碍，提高交往水平。

【教师感悟】

教育既是一门技术，也是一门艺术。有时候空洞的说教，远远不如善于抓住教育的契机。关注学生，创设一定的教育环境，让学生进入角色，才会创造教育奇迹。

青岛电子学校　李志芳

第三章 家校携手共育 同心共筑未来

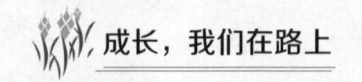

电话报喜
——善借家长之力

> 表扬学生微小的进步，要比嘲笑其显著的恶迹高明得多。
>
> ——题记

作为中职的班主任，在和一些家长沟通的时候，我常听到家长说："一接到老师的电话就紧张，因为老师来电话往往就意味着孩子闯祸了。"反思自己的做法，我发现自己也是向家长告状的多、报喜的少。其实，进入职业学校的学生，他们在初中甚至小学阶段就不缺少批评，家长接到的"状子"也特别多。进入高中阶段，无论是家长还是学生，对于批评已经见怪不怪了，有的学生甚至产生了抗体，在他们身上批评无效。那么我们为什么不尝试着走另一条路呢？批评无效就表扬。寻找学生身上的闪光点，早晨及时到校，上课认真听讲，作业完成及时，卫生打扫彻底……这些都是值得我们表扬的地方。

09报检班有个同学小张，学习基础差，上课总扰乱纪律，但孩子品质不错，值日时总是很认真。我找到他，跟他说："老师发现你是个做事非常认真的学生，说明你责任心强，未来在社会上任何工作岗位都是很看重这一点的。老师知道你上课时回头说话是因为听不懂觉得无聊，是无意的行为，并不是你愿意那样。你能不能上课时有意约束一下自己的行为，先做到不回头，不大声说话，实在听不下去就在本子上抄单词、抄句子。"他答应了，第二天做得挺好。

我将这一进步打电话告诉了小张的家长，并且提醒家长孩子放学回家后一定要将老师的话转述给他，表扬学生今天的进步。家长也很高兴，非常配合老师。小张第二天到校的时候，心情明显很愉悦，我讲任何事他都眼睛盯着我聚精会神地听着。因为他知道，他的进步，老师都看见了。

我又找到他，约定上课听不进去时把单词抄在本子上，每节课就记住两个，下午放学后我检查，一天两个单词，一个月记三十个。慢慢地，小张上课安静了，学习成绩也在慢慢提升。

后来，学校成立了魔术社团，小张自告奋勇参与选拔，成为魔术社社长。在他的组织下，每周的社团活动忙得不亦乐乎。因为表演的需要，社长有时手指上需要戴个戒指，我是默许的。但我一再提醒他，活动结束就要取下，否则仪容仪表不合格。可是，有一个周，学校公布量化考核成绩，第一名不是09报检班，我看到同学们的脸上闪过一丝诧异的神情。第二名也不是，有的同学已经坐不住了，开始四处张望，好像要从其他人身上找到原因。他们已经习惯了独占鳌头。成绩公布结束后，同学们对第三名的成绩满腹疑问，眼睛齐刷刷地看着我。我赶紧说："别看我啊，我不知道，应该是上个周我们有同学出过大的失误。你自己站出来向同学们说明吧。"同学们也都随着我的声音不停地点着头说："就是，就是。"这时，小张站了起来，满脸通红地说："老师，我戴戒指被抓了，让我摘我没摘，纪检部说态度不好，就加倍扣了咱班的分……"

最后小张选择了自我惩罚方案：每天早晨早到校，放学晚离校，担任卫生协管员，为班级做贡献。另外，随时替补班级值日生，用实际行动弥补自己的过失。

我将这一事件电话告诉小张的家长，不是告状，而是让家长表扬孩子勇于承认错误、勇于承担责任的行为，同时做到提醒孩子每天要早出晚归。

后来，小张同学在班级表现非常好，任何场合都特别维护我。有同学私下告诉我说，小张感觉自己犯了错误工老师都没有批评他，而是在家长面前说他的好话，这是他遇到的第一个如此对待他的老师，他不好意思再犯错误了。

至此，小张已经从一个扰乱班级的学生成长为热爱班级、维护集体荣誉的好学生。

【教师感悟】

渴望得到尊重是人的内心需求，尊重学生是教育成功的一把钥匙，班主任要设身处地地走近学生，长其善，救其失，促使学生将内心的消极情绪转化为积极情绪。班主任抓住细节，感动学生一次，他就会记住，"老班"原来是自己人。

青岛商务学校　王晓丽

成长，我们在路上

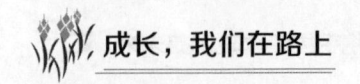

休学风波

> 俞国良教授说："家庭既是社会发展的上风口，也是社会现实的风向标，更是时代精神概貌的浏览器。每个时期的社会转型与进步，都离不开家庭教育的支撑。"
>
> ——题记

今天我陪餐。为了给家长反馈孩子在学校的情况，我草草吃了几口，便掏出手机给每位同学拍照。同学们见我拿出手机便摆出各种姿势，有的还笑着说："老师，记得开美颜哦。""哈哈，没问题！"走到于心面前正要拍照，她生气地说："不要拍！""怎么了？你不想让爸爸妈妈看到吗？""我才不要呢！"我尴尬地笑了笑说："那好吧！"来到办公室，我坐下来静静思考刚才的问题，不禁打了个冷战。于心最近确实有些反常，尤其是每次放学后同学们都急着找班主任拿手机，只有她不要。上课发呆，与同学相处也是一言不合就动粗，这一系列的反常表现让我更加疑惑。

"砰"的一声，办公室的门被一脚踹开。"老师，我要休学！"于心气冲冲地跟我说，紧跟其后的妈妈愁眉苦脸，边跟我打招呼边说："孩子不写作业，还不让说！这一说就要休学！"孩子狠狠地瞪了妈妈一眼，径直朝我走来："老师，怎样办休学手续？"我沉默了片刻，打量着暴怒的于心，轻声地说："写个休学申请，家长签字，然后去学管处办手续就好了。不过你要考虑好，休学容易，再复学就难了！""不需要考虑，我本来就上够了！"孩子斩钉截铁地说。眼泪汪汪的家长可怜巴巴地望着我，我知道她希望此刻我能做孩子的思想工作。我向于心妈妈使了眼色，说："您先把孩子带回家，写好申请，明天来找我办休学手续吧！"听到我这样说，于心诧异地看了我一眼，接着长舒一口气说："好的老师，那我明天再来！"我顺势说道："好的，你先回去，我跟妈妈说几句话吧！"短短几分钟发生的一切让于心妈妈显得很焦躁。我端了杯水给她："您先喝口水，平复一下情绪。回家以后按我说的做：第一，不要再和孩子提上学的事情，更不要动员亲戚朋友劝孩子上学；第二，孩子待在家里必须包揽家务，如果坚持不上学，保证安全的前提下，让她出去打工体验生活！"家长面露难色，勉强地说："好的赵老师，事情只能如此了！"

第二天，孩子没来学校。

第三天，家长打来电话说，孩子在家开始有些沮丧了。

第四天，家长耐不住，直接来学校找我。在办公室里，我们面对面坐着，我慢慢地将孩子在学校的表现一一道来。说完后，我问她："孩子在家也有类似的表现吗？"于妈妈告诉我："我也发现这个孩子现在的行为举止越来越怪了，在家里也不怎么说话，问她什么都是沉默，具体什么时候开始的我还真记不清了。"我联想到上次和于妈妈沟通时说的话，估计是生了二胎后很多精力放在了小宝贝身上，而减少了对于心的关心。事实证明我的猜想是对的，于心最近都是住在爷爷奶奶家，回家很少说话，还时常发脾气、摔东西。找到问题症结的我，暗暗计划着下一步动作。

我想着可以从于心的优点出发，成立卫生小分队，让于心当卫生委员，负责全班的卫生。有学生表示不服，我给他们分析了于心同学入学以来的量化，班里于心卫生量化最高。为了让卫生小分队顺利完成工作，我推选了两名同学协助于心。于是，这个想法就这样在班会时间公布了。会后于心主动来到办公室低着头，两只手放在身后，面对我站着。

"于心，你愿意当这个卫生委员吗？"于心抬起头看着我，眼中充满了惊讶。"我相信你会做得很好！"说完，我向于心投去了坚毅的目光。她还是不说话，但我清楚地看到她不自觉地挺直了脊背。"于心，你看你成绩好，值日又细心，肯定有自己的工作方法。咱班的卫生量化可是急需你的帮助。"虽无声，但她的头微微地点了一下。

"还有，老师觉得咱们班的班干部中学生会的太少了，你有当班干部的这份潜质。你愿意向学校其他更优秀的同学学习吗？"过了片刻，一声轻轻的"嗯"从她口中挤出。"真的吗？你答应了。太好了，不过似乎信心不足哦。我对你可是非常有信心啊！""好！"于心站得笔直，昂着头大声地答道。

"赵老师，最近咱班卫生量化连续两周级部第一了！"班长兴奋地说道。

"哎，于心最近上课不接话茬了，你的办法还挺有效的。"数学老师反馈道。

"赵老师，这几个孩子每次到我家来做完作业后还会把卫生打扫干净，连我们家妮妮都比以前爱干净了。"王妮妈妈发来消息。

"赵老师,你班出红榜了。于心在值周时帮助处理突然爆裂的暖气水管被表扬了……"学管处老师打来电话。

没想到两个多月来,于心变化这么大。一开始,于心还畏手畏脚,但在同学们的支持鼓励下越来越娴熟。慢慢地,她会总结提炼工作的方法,还敢在全班发言,每次汇报完毕,在同学们的掌声中,她都会羞涩地笑笑。我觉得,这份笑容是有温度的,正如她那颗正在融化的心。

通过调查我发现,班里有不少孩子像于心一样因为有了弟弟妹妹而倍感"失落",继而产生了巨大的心理落差。为了进一步解开孩子们的心结,我特意邀请了班上家中有两孩的家长开展了一次主题班会——有爱就要说出来。是啊,虽然家中不止一个孩子,但父母的爱是不减不变的。借此机会,让家长知道孩子的内心是多么渴望爱和关怀。如果爱孩子,哪怕精力有限,一句简单的爱也要记得说出来。

"赵老师,于心爱说话了,还总爱抱着弟弟讲故事,说学校的趣事,她奶奶都说她好像长大了。赵老师,真是太感谢你了。"班会当天,于心妈妈拉着我的手激动不已。

"其实孩子的需要很简单,就是陪伴和关注。"我轻轻地说。

家庭在引导和帮助青少年树立远大理想信念和正确价值取向上,有着不可替代的独特作用。习近平总书记指出,家庭是人生的第一所学校,家长是孩子的第一任老师,要给孩子讲好"人生第一课",帮助扣好人生第一粒扣子。因此为全面提升育人水平,应通过家校一体化的育人机制,追求教育的恒久性和终极性价值。

【教师感悟】

理想的教育是:培养真正的人,让每一个从自己手里培养出来的人都能幸福地度过一生。我想培养真正的人,需要形成教育合力,首先应该要强调家庭的教育责任。

青岛幼儿师范学校 赵如

爸爸（妈妈），我需要你们的鼓励

> 有人说家长是世界上唯一一个不用考取任何资质就可以上岗的职业，这个轻而易举就能上岗的职业，背后则隐藏了很多隐患。所以班主任利用"父母课堂"来丰富家长的教育理念、不断提升家长的教育水平，将使学校教育产生事半功倍的效果。
>
> ——题记

东方物流班 30 名家长学员中有 20 多人是高中及以下学历，教育孩子没有明确的方式方法，其中不乏"强权式"的传统父母和放任自流的"撒手式"父母。很多家长因为孩子到职业学校上学而感到抬不起头来，呈现"破罐子破摔"的局面。于是我设计了一堂特别的公开课。

一、欣赏

1. 社会角度

举例说明中职教育照样能帮助孩子成才，而且职业教育以其重实践能力培养的优势，能让孩子更好地融入社会。根据学生的实际状况，家长选择时应不唯高、要唯实。无论哪类学校，适合孩子的就是最好的。以此提醒家长，在欣赏别人的孩子考上大学的时候，别忘记欣赏自己的孩子。

2. 学校角度

青岛商务学校铸造尊严目标体系解读，学校实行校企合作，多方面拓宽培养模式与就业渠道，实现了"学生与岗位零距离"。

3. 学生角度

介绍一学期以来每位同学取得的成绩，让家长重拾对孩子的信心。

二、奔跑

1. 出示企业调研结果

在孩子们奔跑的过程中，我欣喜地发现，他们身上已经体现出了社会需要的优秀品质。

2. 分别从德智体各方面分析学生已经具备的能力

指导家长明白，尽管入校才一学年，但学生身上已体现出了自强、自立、自信、自律等各项优秀品质。这充分说明，孩子已经起步奔跑，只要坚持不懈，他们的未来一样精彩！

3. 奔跑的思索

(1) 举例龟兔赛跑的启示；

(2) 稳步前进者往往能够获得最终的胜利；

(3) 只要我们不停下奔跑的脚步，胜利就在不远处；

(4) 家长应该怎样为孩子助跑呢？引出第三个关键词：坚持。

三、坚持

1. 知己知彼，百战不殆

(1) 知彼：你了解自己的孩子吗？

① 从班主任视角分析学生非主流形式表现的深层意蕴。"不穿校服、怪异发型、旷课、顶撞教师、打架斗殴"等行为，让他们"出人头地"了。

② 心理测试（表格略）：

明确影响孩子心理的除了学校，家庭教育也是很重要的一环。父母是孩子的第一任老师，父母的一言一行将影响孩子的终生。

(2) 知己：你知道自己在孩子眼中的形象吗？

① 问卷调查："孩子眼中的父母"（问卷调查表格附后）。

提示家长要主动改变家庭氛围和教育方式，对子女学习的关注情况等。

② 孩子应该怎样管？

让家长结合问卷谈一谈自己管孩子的习惯性方式和教育孩子时遇到的挫折，家长代表发言。

2. 家长教育无效的原因分析

指导家长在生活中勿以长者自居，需尊重理解孩子。用尊重唤起孩子对自己的信心、对社会的热情，还有什么难题解决不了呢！

3. 课堂实践，构建自信与互信的平台

家长用一句话表扬孩子的优点，表达对孩子的期望。

学生用一句话感谢家长的信任，用一句话表达自己的目标。

4. 推荐阅读文章《成功的秘诀》，大家一起试做甩臂动作，体会感悟。

四、总结

《学习的革命》这本书中这样说：

"如果一个孩子生活在鼓励中，他就学会了自信；

如果一个孩子生活在认可中，他就学会了自爱。"

给孩子一点鼓励，就是给了孩子奔向未来的勇气，相信他们都能够在各方面展示自我的精彩。

【教师感悟】

父母是根，孩子是果，培育果实要先从养根开始。在担任班主任的过程中，我利用每学期的父母课堂为桥梁，帮助家长充分了解家庭教育的重要性，并掌握科学的家庭教育方法。指导家长转变教育观念，正确认识职业教育，学会用正确的方法教育孩子，收到了不错的效果。

青岛商务学校　王晓丽

夜里我不再做噩梦了

> 一个从健康家庭中成长起来的孩子，学校要毁掉他没那么容易，而一个被不健康家庭造就出来的孩子，学校要帮助他则非常困难。如何竭尽所能让在贫瘠土壤里长大的小苗在后天能够多沐浴一点阳光，多吸收一点养分，让它尽可能长得舒展和茁壮，是班主任面临的难题。
>
> ——题记

高一刚开学不久，班上一个叫小楠的姑娘就特别扎眼。学习成绩不好暂且不说，上课说话、睡觉、吃东西，老师管不听。课间经常能听到她大呼小叫，如果哪个同学对她有点"冒犯"，她甚至会跟别人动手，但小楠的这种喧嚣却总给我一种她在伪装的感觉。我试图走近她，但她却有意躲闪。我拨打小楠妈妈的电话，已停机。我又拨通了小楠爸爸的电话，但他吞吞吐吐地告诉我小楠跟爷爷奶奶住，他管不了小楠，然后匆匆挂了电话。

开学后不久的一个周末，带着众多疑问我来到小楠奶奶家。爷爷奶奶都七十多岁了，身体也不太好，虽然去之前我跟小楠打过招呼，但家访时她不在家。奶奶说她嫌在家闷，周末一般不在家。在与小楠奶奶的交流中我得知：小楠的父母吵吵闹闹十几年，终于在一年前离了婚。之后小楠妈妈出国打工去了，小楠爸爸也在半年后再婚。小楠跟爸爸、后妈住了一段时间，后来与后妈闹翻了，于是小楠住到了奶奶家。对于爷爷奶奶的话，小楠也听不进去几句。

关于第一次家访，我和小楠都没再提起，但在接下来的日子里，我能更宽容地对待小楠的扎眼。转眼迎来了校运动会，小楠的体育不错，初中踢过足球。我主动和她一起分析形势报了项目：女子200米和400米。因项目比赛时间比较集中，没让她兼报接力。运动会那天，当小楠出现在赛场上时，我和全班同学大喊着她的名字给她加油助威，小楠也很争气，预决赛共跑了四次，小楠拿到了全校200米第二名和400米第一名的好成绩。可在最后一项女子4×400米接力时，原定的一名运动员身体不适不能上场，小楠主动提出她上，但是一天比赛下来，她已十分疲惫，我问她能行吗，她很坚决地说能！小楠再次精神抖擞地站上跑道，在最后冲刺时，她真是用上了洪荒之力超越了同组的三名运动员，拿到了全校第一名的好成绩。当我看到拼尽全力的小楠瘫坐在终点跑道上的时候，我知道这个孩子有救！当小楠和队友回到看台时，我和全班同学起立为她们鼓掌，久久不息的掌声让小楠露出了这个年龄段女孩腼腆而美丽的笑容，这才是真正的小楠！借着运动会，我把小楠这种高度的集体荣誉感和勇于拼搏的精神在班级进行了大力宣扬，同学们也都纷纷表达了对小楠的敬佩。私下里我鼓励小楠要把握契机，处理好与老师和同学们之间的关系，树立更好的个人形象。小楠说，这次运动会她感受到了老师和同学们对她的善意，她不会像以前那样了。接下来的日子，小楠与老师和同学的关系确实有了很大的进步。

有一天放学后，小楠来找我，说爷爷奶奶年龄大了，太爱唠叨，她有些喘不过气来，想换换环境，去舅舅家住一段时间。她还告诉我从小舅舅就很喜欢她，对她要求也很严，舅母是个家庭主妇，人很好，很会教育孩子。这次是舅母主动提出让她过去住的。送走小楠，我马上给小楠舅舅打电话，是小楠舅母接的。她说孩子太可怜，想帮帮她，让她过来住一段时间，住多久都行。我们聊了很久，一起商讨怎样密切配合来引导和教育小楠。像给自己的孩子找到了好的归宿一样，我不停地感谢小楠的舅母。

第二天放学后，我跟小楠详细谈了去舅舅家后该怎么做，并告诉她无论遇到什么困难都可以来找老师寻求帮助，老师永远是她坚强的后盾。小楠就这样住到了舅舅家，几乎每天晚上我都会通过微信和小楠联系，了解她的状况。同时我也和小楠的舅母保持着密切的联系，互相打气，关注她一点一滴的进步。小楠脸上渐渐有了笑容。这样的日子一晃就是三个月。有一次，小楠跟我说："老师，我现在夜里不再做噩梦了。在我爸妈离婚前他们天天吵，我天天担心他们离婚，最终还是离了。他们离婚后，就有人说我是没人要的孩子，夜里我经常被噩梦惊醒，自己躲在被窝里流泪。在学校我怕别人瞧不起我，我就装出对什么都不屑一顾、没人敢欺负我的样子。在舅舅家，我才知道家原来可以这么温馨。在咱班里，老师和同学们也都对我那么好。现在我不害怕了，很多事情我都能应付了。"听到这些，泪在我眼里直打转。

寒假小楠回到奶奶家过年，她承包了几乎所有的家务活，还用零花钱给爷爷买了一条腰带，给奶奶买了一顶帽子。当我再去家访时，爷爷奶奶流下的是感激的泪、欣喜的泪。虽然小楠身上还有许多不足，但她终于走出了彷徨，走出了恐惧，卸下了"强悍"的伪装，开始用感恩的心来温柔对待她周围的人。

【教师感悟】

　　离异家庭孩子的自尊心往往很脆弱，经常会出现学习、人际交往、心理健康等问题。学校是他们的第二个家庭，他们敏感而渴望被关注、被关心、被在乎。如果班级舆论正确、班级氛围温馨和谐，能得到更多老师和同学们的支持、爱护与尊重，那他们才能增强自尊和自信，情绪情感才能得到健康发展。如能最大程度地利用好家庭中有利于孩子成长的因素，那将更有助于离异家庭孩子塑造健全完善的性格。

青岛电子学校　王爱玲

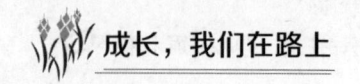

这个电话一定要打

> 苏霍姆林斯基曾经说过:"教育的效果取决于学校家庭的一致性,如果没有这种一致性,学校的教育就会像纸做的房子一样倒塌下来。"有效架构家校之间稳固的桥梁就变得尤为重要。随着社会的发展、科技的发达,通讯越来越便利。打个电话是动动手指头就可以完成的事,有什么大不了的?但是当我们把这个"电话"放入到一定情境中,赋予一定内涵时,这个"电话"就值得深思!
>
> ——题记

记得新生刚入学时,我对新同学和家长并不了解,班级工作在观察中循序渐进。一天下课后,一位同学看到走廊不干净,就拿了笤帚出来扫。我随口夸了一句:"你很有责任心。"这位同学随口回答:"这是必须的。"东北味很浓的一句回应,令我心里一暖,于是我在班会上大加表扬。而这位同学的名字也深深印在我的脑海中。面对这么负责的孩子,我心中涌起一个想法:应该给家长打个电话,好好表扬表扬!然而当时由于要处理其他事,没有立即去做。于是,一个转身的距离,这个电话也随之夭折,成为我心中永远的遗憾。

有些事就是这样,有了遗憾才会引起重视。

记忆犹新的是学校组织那一次大合唱比赛。由于自己五音不全,我对这项活动有点心虚,就把大权完全交给班长和学生。选歌、配乐、排练……一切都在有条不紊地进行。随着比赛时间的临近和排练难度的提高,难题也随之而来:为了突出效果,要加入手语。我一听就愣了,又不是聋哑学校,至于吗?我当面询问班长:"一天时间能行吗?""能!"毫不犹豫的回答,充满自信的表情,我的心中又是一震——似曾相识的一幕啊!难道我的自信真不如学生吗?在忐忑疑虑中,我等待,我表面淡定地等待……学生在有条不紊地排练。一切按期完成,所有想到的创意全都安排完毕。最终,我和同学一起登台演出,用学生的话说:我们是一个大家庭,谁也不能缺。

班长坚定的承诺时时在耳边回响，兴奋之外还是兴奋，尤其是在与家长对话时，耳听家长那谦虚自豪之语，目睹学生那种不好意思中处处洋溢着的愉悦。此时此刻，我似乎看到了在将来的日子里他自信飞扬的言行。其实，电话赞美表扬很简单，但是效果却大不相同。简简单单的一件事，简简单单的一句话，却换来无限的自信与激情，何乐而不为？

接着，我自然地把目光转入学习，转到课堂。每次提问，每次回答讨论，以往沉默无言的阿伟如今都积极举手回答问题，积极参与讨论，积极展示自己，尤其是读课文时朗朗上口，一扫内向羞涩的表现。所以，我立即让他亲自给家长打电话。毫不知情的阿伟以为自己做错了什么事，满脸不安地拨通电话，手足无措地立在一旁，像是等待审判一样。在客气一番之后，我瞟着他，故意放慢语速大声说："他最近表现很积极，在各方面都很认真，尤其是学习，进步很大，希望您替我多表扬表扬！"

"不会吧？"阿伟咧咧嘴，左手开始挠头。

"真的假的？这孩子在家也没见他学习，学习一直让我们很失望，他还有希望？"阿伟爸爸质疑声不断。

我眼角的余光扫向阿伟，由于他也听得到，所以此时很尴尬，不停地搓手。

"这是真的，他上课很积极认真，卫生清扫负责及时，各科老师都有表扬。我坚信这学期他的成绩肯定会提高！"我很肯定地回应。此时，在一旁的阿伟已经开心地笑了。

通完电话后，他的第一句话就是："老师，怎么不透漏点内容，害我白紧张了！以前老师打电话可不是这样的！"

是啊，正因为每次与家长联系，多数是因为学生出现问题，报送坏消息，家长忐忑、学生麻木。自从这次电话之后，阿伟更加努力、更加积极，在期末考试中，成绩居然上了15名，孩子的自信与成功就这么被激发了。

有哪一个学生不希望得到家长的认可？哪一位家长不希望自己的孩子受到表扬得到认可？为什么不改变一下电话的内容获得家长的支持呢？如果说家长的陪伴带给学生的是一种温馨，那么家长的参与带给学校的则是一份感动与激励。所以，在班级管理中，这个"表扬电话"一定要及时打！

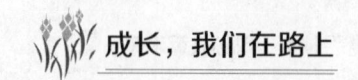

【教师感悟】

打个电话，的确非常便捷，动动手指头就可以完成，可为什么学生一听到给家长打电话就紧张呢？这说明在学生的思维定式中，电话的内涵代表着一种特殊的意义。如果我们用放大镜去发现学生身上的闪光点，就会收获"放大镜"的效果。一个学生对班级的爱源于他对自我的认识，更源于老师和同学对他的认可，如果再加上家长的力量，学生的自信心与责任感势必与日俱增。所以，当学生做得好、表现好时，让"表扬的电话"及时响起，在老师、学生、家长产生的心灵共鸣中，学生才能在稳固的家校之桥上放飞自我，追梦前行！

青岛电子学校　张俊霞

大佬的故事

一个从小学开始就受欺负的男生，到高中毕业时变成同学嘴中的"大佬"，这个男生身上发生了什么事情？

——题记

我班小王同学，人送绰号"大佬"，是因为他在买卖二手手机和电脑方面特别有经验，大家有这方面的需求，都要请教他。可"大佬"不是一天练成的，那是眼里的泪水和内心的痛苦升华而成的坚强。

小王刚入学时我就发现，他和我讲话时眼睛总是四处游移，双手不知道放在什么地方，而且语速超快，像是要赶快结束谈话、马上走开的样子。我打电话给他妈妈了解情况，他妈妈说小王和他姐姐生活在一起，她年纪大了，让我以后有什么事情跟他姐姐联系。我一听有些生气，说："我现在是有些担心你的儿子，你看他连最基本的交流沟通都有问题，以后踏上社会可怎么办呀？"他妈妈一听我的话反而平静下来，对我说："老师，我明天到学校去，我们面谈。"

第二天，小王妈妈来到学校，我才知道，原来他父母很多年前就离婚了，小王跟随奶奶、爸爸和姐姐一起生活。从上小学起，小王就被同学欺负，有时候挨揍，有时候被勒索钱财，慢慢长大以后他就把自己封闭起来，不怎么说话，也不和同学交流，更没有好朋友，人变得越来越沉默。小王妈妈自责地说道："儿子变成今天这样子，我也很难受，可是没办法，老师还请你在学校多开导开导他。"结束和小王妈妈的会谈，我忽然觉得小王好可怜，这是一个遭受家庭变故和校园暴力双重打击的孩子，难怪他会这样！

回到教室，看着小王，我五味杂陈，心想一定要让他有段开心的高中时光。我找到小王对他说："我发现你电脑使用得挺熟练的，能不能给我当个小助手，班里有很多材料需要整理。"我怕他拒绝，忙说："也没有多少材料，占用不了你太长时间。"小王犹豫了一下接受了。我心里暗喜，我们俩终于有了联系的纽带。那段时间，我把学校要求做的所有表格和材料都甩给了他，有些材料需要全班同学提供信息，这就免不了要和同学打交道。一开始，小王愁得来办公室找我，用极快的语速表达他的焦虑，还说我骗了他，说事情很复杂，并不只是在电脑上输入数据这么简单。我会心一笑，知道他担心什么，我对他说："你看那么多材料你都做得很精美，领导都夸我们班做得好，咱班在办公软件的处理上能有几个同学能达到你的水平？你的能力也许你自己还没发现呢，别担心和同学们沟通，这正好是给大家一个机会了解你。"小王像是听懂了的样子，答应我回去继续努力，果不其然，材料都高质量、准时提交了。就这样过了一年，小王在时间流逝中慢慢改变着。我发现在课间，他和几个同学能聚在一起交流了，有时候能听到他开怀的笑声了，和我交流的时候，他的眼神尽管不那么坚定但至少不再躲闪。

到了高三，我发现大家都叫小王"大佬"，我问为什么，同学们都说小王现在对市面上的手机和电脑都非常了解，要是买二手手机和电脑，那一定要找小王，他特别有经验，性价比都极高。听到这件事后我找到小王："既然你在这方面这么有研究，你做个手机的专题讲座吧，让我和同学们都系统地了解一下现在的手机都有什么功能，如何挑选二手手机。"这也许正是小王的强项，他满口答应。回去积极准备起来。三天后，小王站在了讲台上，结合着精美的PPT，口若悬河，激情澎湃，我都奇怪他什么时候成长成这个样子了，这还是那个不敢说话、不敢交流的小王吗？一场讲座下来，我对他竖起大拇指，说："不愧是大佬！"全班同学都笑了。

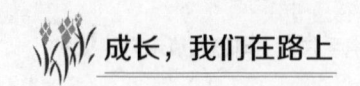

【教师感悟】

　　曾有教育家说道："对胆小的孩子，爱在亲近与鼓励；对性格孤僻的孩子，爱在关注与支持。"这句话深深触动了我。小王的成长就是这样一个鲜活的例子。如今的小王，已经很难找到当初的影子，虽说还有一些缺点，但是我相信他的高中绝不是冰冷的，而是温暖的。在以后的班主任生涯中，也许还会遇到很多个小王，我能做的就是爱他们并鼓励他们，让他们感受到爱和关注，能在青春年华做最好的自己。

青岛电子学校　胡雨雨

共筑教育合力　唤醒灵魂之花

　　只有学校教育而没有家庭教育，或者只有家庭教育而无学校教育，都不能完成培养人这一极其艰巨而复杂的任务。

——题记

　　今天我们进行大扫除。"啊——！"当我说完这句话，同学们集体发出了沮丧的声音。这种情绪可不是个好兆头。当大家领了任务干起来时，又让我大吃了一惊。有的把窗玻璃擦了个大花脸；有的拿着扫帚轻轻飘过地面，垃圾还留在原地；有的拿着拖把像在画画……原来孩子们不知道怎么做家务，没有顺序，没有方法，只有应付。我一个个教，一项项演示，即使这样，孩子们还嫌累。

　　后来我在同学和家长中分别做了个调查，结果大部分同学在家什么都不做，甚至连收拾自己的房间、洗内衣袜子都是父母代劳。有的同学说一开始自己也想干点什么，可妈妈嫌我这不好、那不好，还不如她干得快，索性就不干了。

　　习近平主席说过：要在学生中弘扬劳动精神，教育引导学生崇尚劳动、尊重劳动，懂得劳动最光荣、劳动最崇高、劳动最伟大、劳动最美丽的道理，长大后能够辛勤劳动、诚实劳动、创作性劳动。

我意识到要培养孩子们的劳动意识，除了学校，家庭的教育也很重要。通过和家长们的沟通，我决定开展"爱劳动，孝父母"实践活动，内容是每天回家帮助父母做一项家务，父母拍下照片发到群里分享。这将作为同学们德育量化评定的重要内容，记入量化学分。同时引导父母们不要对孩子做的质量和效果太斤斤计较，让孩子们先干起来。

每天晚上，家长群里都会热闹起来。各种做家务的照片传上来，有刷碗的，有做饭的，有包饺子的，有照顾弟妹的，还有给父亲剃头的……每天早自习，我首先开始总结前一天的家务情况，表扬这些同学并记录加分。一开始有的同学没有行动，后来看到其他同学有加分，被表扬，也有些脸红了，回家就要求做家务。一开始有的家长没有重视，可看到别人家的孩子每天都那么懂事，自己也坐不住了，督促着孩子做点事情。

21天养成好习惯。实践活动开始一个月后，我们召开了班会，并邀请家长们共同参加，分享我们这次实践作业的成果。有的家长说，老师的主意真不错，下班回到家他知道给我热热饭，别说还真有点感动。有的家长说，孩子在他爷爷家主动烧水、擦地，把老爷子乐坏了……同学们的体会是干了一个月家务，才发现爸爸妈妈每天除了上班，回家还要干活真是很辛苦，以后要多帮父母分担一点。

通过家校合力教育，同学们的进步越来越大。在学校进行大扫除和值日的时候没有那么多怨言了，干活也越来越像样了。

后来我积极利用这种家校合育的良好氛围，共同引领孩子的成长。我将孩子们在学校的表现及时传达给家长。篮球赛场上的挥汗如雨、艺术节中的旋律舞动、运动会上的激情释放、志愿服务忙碌的身影、作业上娟秀的字体……我将这些珍贵的感动第一时间发到家长群里，告诉家长孩子所付出的努力，表扬他们积极向上的精神。同时邀请家长参与到班级管理和各项活动中来，给家长和孩子提供互动的机会。让家长担任演讲比赛、歌唱比赛的评委，让家长走进课堂一起听课，等等。就这样我们建立了良好的家校沟通，形成了育人的合力，孩子们也慢慢成长起来。

成长，我们在路上

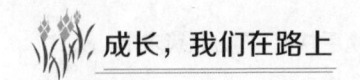

【教师感悟】

　　教育家雅斯贝尔斯说："真正的教育是用一棵树去摇动另一棵树，用一朵云去推动另一朵云，用一个灵魂去唤醒另一个灵魂。"教师是人类灵魂的工程师，我们要用灵魂去启迪家长的灵魂，塑造学生的灵魂，做好家校沟通，形成强大的教育合力，让学生健康成长。

青岛电子学校　周瑛

您是我们家的贵人

　　要做一名学生喜欢的班主任，就应该时刻把学生放在心上，体察他们的酸甜苦辣，关心他们的生活冷暖，同情他们的痛苦和不幸，指导他们在为人处世等各方面全面发展，有时还需要走进学生的家庭，帮助这些家庭。

——题记

　　那年接新班，军训中一个叫乐乐的女孩给我留下的印象最深刻。她不仅人长得漂亮，而且聪明又有文采，读她的军训日记是一种享受。但是她的眼神里总有些忧怨，我心中暗想：是不是作家小的时候就是这个样子。

　　开学了，乐乐的成绩也不错，处处都让我感觉这是一个让人特别放心的女孩，可是好景不长，就有学生偷偷告诉我，放学时看见乐乐和我们学校比我们高一级的一个男孩很要好，乐乐的妈妈经常到校门口接她，估计是不让乐乐跟那个男孩来往。我让跟我"告密"的女孩对此事不要声张，我来处理。

　　于是在接下来的一个周末，我去乐乐家家访。家里的情景有些暗淡，乐乐妈妈有些唠叨，一件事反反复复说好多遍，抱怨的东西太多。乐乐出来送我时红着眼睛跟我说，初一、初二她成绩挺好的，很有希望考市里最好的普高，可从初二下学期开始，妈妈怀疑爸爸有了外遇，爸爸就说没有，两人天天吵架，妈妈就变得越来越多疑，还出现了轻度抑郁症的症状，最后两人离婚了。乐乐心疼妈妈，在父母离婚时选择了跟妈妈。这些都搅得乐乐无心学习，最后选择了离家较近的学校读书。当我问起为什么她妈妈会经常去校门口接她时，她说邻居家有个哥哥也在我们学校，比她高一级，对她家的情况非常了解，上学放学有时遇到就会一起走，乐乐就会把自己的苦闷和家庭的压力跟他倾诉，邻居家哥哥也很同情她，经常安慰她，不过他们就是邻居关系。可能有几次一起走让妈妈看到了，妈妈就害怕乐乐和男孩谈恋爱，怕她像被她爸爸一样花心的男人欺骗，所以就经常到校门口来接她。这么大了还让妈妈天天来接，同学经常会投来异样的眼光，但是跟她解释也没用，这让乐乐很无奈。同时在家里妈妈整天唠叨个没完，乐乐都快疯掉了。我告诉乐乐，我想和她一起来帮助她的妈妈，乐乐流着泪答应了。

这次家访之后，我关心起应对抑郁症的一些知识，我也和乐乐一起上网查找资料，咨询权威专家，有两次还陪着乐乐妈妈去看医生，在医生的指导下，确定了药物、陪伴、交流、运动的治疗方案。除了吃药，乐乐每天晚饭后陪妈妈去散步，跟她聊聊学校的事情，开始去一些人少的地方散步，后来逐渐去人多一些的地方，乐乐妈妈的状况逐渐有所好转。但妈妈病情也有反复的时候，乐乐会来找我诉说苦闷，我们就一起想办法，我不时地鼓励乐乐为了妈妈的健康、家庭的幸福一定要坚持。有时间我也会去乐乐家看看，因为我去的次数多，乐乐妈妈与我熟络起来，能主动跟我聊一些乐乐小时候的事情及一些家庭琐事了。倾听是治愈抑郁症患者最有效的办法，而从与乐乐妈妈的聊天中我也逐渐听到了一些快乐的、积极的信息。我也会给她讲乐乐在学校的情况，还会顺便聊聊邻居家那个男孩的事情，逐渐打消了她对乐乐的不放心。不知不觉一年就这样过去了，从乐乐妈妈到校门口接的次数逐渐变少到最后不再来接，我知道乐乐妈妈的状况好多了。乐乐告诉我因为每天和妈妈一起散步、一起聊天，她们母女关系也融洽了很多。

转眼间，乐乐上高三了。有一天她非常兴奋地跟我说："老班，我妈妈现在在我亲戚家开的一个小超市帮忙了，一开始有些不适应，现在半个月过去了，她感觉好多了，能胜任了。"听到这个振奋人心的消息我差点激动地流下泪来。多么懂事又不容易的乐乐呀！她小小的年纪承担起了照顾妈妈的任务，要强的她还是团支书、校学生会主席。高三时乐乐获得了省三好学生的称号，并以优异成绩升入了高等学府继续深造。

毕业时，乐乐留着泪对我说："老班，您是我们家的贵人，您不仅救了我，还救了我的妈妈，这种恩情永世难忘。"

成长，我们在路上

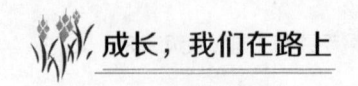

> 【教师感悟】
>
> 多年的班主任工作让我相信，师生一场是一种莫大的缘分，每一个学生的背后都有着不一样的家庭，有的孩子承担着他们这个年龄难以承受的压力。要想真正解决学生的思想问题，就要和他们的学习和生活中的实际困难相结合。想学生所想，急学生所急，付诸实际行动才能真正走进学生的心灵，做他们成长的陪伴者和引领者。
>
> 青岛电子学校　王爱玲

好孩子是夸出来的

教师要准备好一百顶高帽，让学生天天带着荣耀回家。

——高林生

下班路上，我遇到了小李同学的母亲。

"很长时间没有看到你了，王老师。小李当兵回来去学校找过你，你不在……他现在在派出所工作，还不错。王老师，当年幸亏遇到你，不然真不知道孩子会成为什么样呢！"小李的母亲拉着我的手不停地说着。

我的脑海中涌现出小李的样子。

这是个高高的、帅帅的大男孩，性格桀骜不驯。刚入学时没什么规矩，老师在上课，他能背向老师而坐。谁管他就跟谁打架，老师、同学都不太敢说他。

我与小李第一次正面交锋是在入校后第一个周的班会课上。

每接一届新生，我都会利用一定的时间让同学做一下自我介绍，包括姓名、来自哪所学校、个人的兴趣爱好、对未来的初步打算。09报检班也不例外。因为初次见面，同学们都想给别人留下好印象，所以介绍时都非常认真且细致。

当轮到一位高高瘦瘦的小李时，我遇到了一个一进校门就不"装"的学生。只见他极不情愿地站起来，斜着身子，歪着头，用挑衅的眼光看着我，慢腾腾地说："我叫李某，来自×校，我没有什么爱好，最大的兴趣就是上网、玩游戏，经常彻夜不归，还有打架，我未来想做 IT 行业。"

他说话的过程还没忘记咳嗽几声，说完后继续挑衅地斜视我。

话音未落，全班同学哄堂大笑，继而鸦雀无声，教室里出奇得安静，58 双眼睛齐刷刷地瞅着我，他们觉得班主任老师该发火了。

我平静了一下，尽量让自己脸上的表情自然、柔和。

我笑着对全班同学说："通过小李同学的发言，有两点值得我们学习：第一点是他敢说真话，是个非常诚实的人；第二点是他有远大的理想。"说到这里，我停顿了一下，发现小李看了我一眼，目光里满是惊讶。他无论如何也没想到老师会表扬他，还号召同学向他学习。

"我相信咱们班不只他一个人喜欢上网、玩游戏，也不只他一个彻夜不归，但只有他诚实地说出来了，我们为他的诚实鼓掌。"

同学们的掌声响起来了，我接着说："老师并不反对同学们上网，但是，要注意适度，任何事情过度了就不好了，不但影响学习，也影响身心健康。希望小李同学适度上网，将远大的理想付诸于眼前的实际行动，努力实现他 IT 精英的梦想。"同学们频频点头，掌声再次响起。小李挑衅的眼神消失了，他不好意思地挠挠头，笑了。

后来，他积极参加班级活动，成为体育委员，是老师的得力助手，毕业后顺利当了兵。

当他正式当兵的那一天，我接到了他妈妈的报喜电话。如果当初第一次接触时我面对挑衅以硬碰硬，那后果难以预料。

【教师感悟】

苏霍姆林斯基认为：教育者的使命就是让孩子各方面得到和谐发展，而这种和谐发展的前提是对每个学生的尊重。马斯洛也认为，尊重需要得到满足，能使人对自己充满信心，对社会满腔热情，体验到自己活着的用处和价值。普通人尚且渴望尊重与欣赏，何况处于严重爱的缺失状态下的一些职校学生！对他们而言，尊重和欣赏是一种强大的力量，将推动他们奋力前行。

以"爱"为根基的情感激励，是做好班主任工作的关键。

好孩子是夸出来的，而不是打骂出来的。

青岛商务学校　王晓丽

家访小故事

> 在每个孩子心中最隐秘的一角,都有一根独特的琴弦,拨动它就会发出特有的音响。要使孩子的心同我讲的话发生共鸣,我自身就需要同孩子的心弦对准音调。
>
> ——苏霍姆林斯基

多年的班主任工作让我感觉到,家访能更好地和孩子对准"音调",所以我养成了定期家访的习惯。

家访时我们一般会选择一些"问题生"或"学困生",但这些孩子中绝大多数是不欢迎老师家访的,甚至对老师的家访还存在抵触情绪。而当家长们听说孩子在学校违反纪律或者学习不好,也经常会很尴尬、很生气。这样一来,家长和孩子都不能和老师敞开心扉,进行心与心的交流,家访也就不能取得我们预想的效果。那怎样才能让家访更有意义、更有效果呢?我在尝试用"赞美"的眼光走进孩子的家庭和生活,竟然收到了意想不到的效果!

我带的2016级8班有个学生姓孔,上课总是睡觉,作业不能按时完成并且作业质量很差。我找他谈了好几次,学生当面答应得很好,态度也很诚恳,但是每次谈话后,学生状况都没有明显的变化,上课依旧睡觉。我感觉自己的工作没有得到承认和尊重,但我不能就这样放任他呀。于是在一个周末,我决定到小孔家去寻一寻问题的根源。按照学籍上的地址,我在青岛钢厂的宿舍区找了好久都没有找到。于是我给小孔打电话,我们用微信位置共享才见到面。我没有告诉他我是特意来家访的,只是说我去朋友家玩,顺便到他家来看看。在七拐八拐后,终于在一片破旧不堪的平房中找到了他的家。尽管在进门前通过他的叙述,已在内心无数次描绘了他家的情况,但一进家门的刹那,我还是被眼前的景象震惊了:两间租赁来的破旧平房,可以用家徒四壁来形容,光线很弱的房间里躺着一位病人。后来我得知他是小孔的二大爷,二大爷没有子女,前段时间高血压引起了脑出血,因为经济原因没有得到很好的治疗,一直瘫痪在床。小孔的妈妈身体也不好,只能在家做做饭、收拾收拾卫生，全家人的生活全靠小孔爸爸四处打零工维持。为了减轻家庭负担，小孔每天放学后就去快递公司干兼职，帮忙整理快递物品，一般都要到半夜，甚至是凌晨三四点钟。平常周末节假日等空闲时间也都出去干兼职。为了节省车费，小孔每天都骑自行车上学，路上得接近40分钟。终于找到他每天上课睡觉的原因了，看到小孔憨厚的笑容和坚毅的眼神，我当时差点流出眼泪。

我很庆幸，没有一进门就向小孔的妈妈诉说他在学校各种不好的表现。我跟小孔说："你是懂事的孩子，暂时的经济困难不可怕，知识可以改变命运，所以目前还是要把更多的时间放到学习上。"那天我和小孔聊了好多。回到学校后，我帮助小孔申请了国家助学金，学校也进行了多方面的帮扶，没有了太多后顾之忧的小孔状态越来越好，上课不再睡觉，作业也能认真及时完成，成绩也提升了不少。通过2019年的春季高考，小孔被青岛港湾职业技术学院录取。

【教师感悟】

　　心理学家查丝雷尔曾说："称赞对鼓励人类灵魂而言，就像阳光一样，没有它就无法成长开花。"因此，我们家访一定要了解真实情况和找到问题的根源，给"学困生""问题生"更多的温暖和肯定，并帮助他们寻找解决问题的方法，助推他们的进步和成长。

青岛电子学校　徐敬铭

好为"人师"，诲人不倦

　　教师要有两种人格：一种是经师，是教学问的；一种是人师，是教行为的。我们的教学是要求采取经师和人师合二为一的。

——徐特立

　　学生小陈曾就读于某职业学校。因为早晨不起床，班主任去宿舍叫她起床，她从床上坐起来扇了班主任一巴掌，结果被开除。

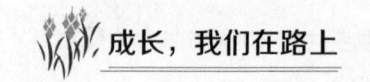

2013年小陈来到青岛商务学校。

来校报名的当天，据说负责报名的老师问她要户口本，她脱口就骂；为了逃避军训，妈妈亲自拿着假病历到校请假，被领导识破；她坚称吃不下学校的配餐，让妈妈每天到校送饭……

这个学生明显对学校、对老师充满敌意。要让这样的孩子对学校和老师产生认同感，首先要了解她的经历。

于是，我与小陈的妈妈约好见面。

通过与家长交流，小陈日常顽劣表现的原因渐渐明朗了。一是单亲家庭给孩子心理的伤害。小陈日常生活中敏感多疑，总爱用拳头解决问题其实是不自信的表现。二是母亲的过度呵护与纵容。小陈在母亲的过度呵护下越发为所欲为，失去自我。她脆弱，缺乏主见和独立意识。

其实，很多时候孩子没有错，是家长的纵容惯坏了孩子。父母懂得适时放手，是一种智慧。作为老师，我要教会小陈的母亲得体地放手，更要引导小陈阳光自信，融入班集体。

对这样的学生，采取硬的措施不行，我只能付之于细心、耐心、恒心，我从学习、生活各个方面寻找她的闪光点，坚信每一个学生都想成为好孩子。

1. 表扬作业，提高自信心

小陈来到我校后，迟到、旷课是常事，上课的时候多数时间是趴在课桌上睡觉，作业也时常不交，任课老师提问她就跟老师吵架。也许因为班主任是语文老师的缘故吧，她语文作业写得不错，字也工整，我决定从这方面找突破口。

上课铃声响了，我疾步走进教室。"我们讲评一下上节课的作业：首先要表扬一部分写得好的同学，尤其陈同学，她的字写得很美，作业也认真……都说字如其人，一个能把作业写得这么工整的人一定是个责任心很强的人。"一边说着，我一边用眼角的余光观察着小陈，只见她聚精会神地听着，脸上流露出骄傲的笑容。这堂语文课她听讲出奇得认真，还时不时地举手回答我提出的问题。下次上交的作业写得更工整了。

2. 卫生值日，培养责任心

小陈说初中时没有老师敢管她，班级活动完全不参加，作业也从来不上交，更不用说参与班级卫生值日了。每当我告诉她应该干什么的时候，她的回答是：我初中时从来不……将省略号补充完整就是：我从来不写作业，我从来不值日，我从来不……

于是，几乎每天我都要指导小陈如何打扫教室卫生，当她有一点进步时，我就会在全班点名表扬。我会把小陈每天在学校的进步告诉她妈妈，让妈妈配合好，每天小陈放学回家也要将老师的反馈告诉她，趁机表扬她。日子一天天过去，小陈从不会打扫卫生到成为卫生监督员，卫生值日时也越来越主动，她在慢慢成为老师口中那个责任心强的人。

3. 准确切入，打开心扉

正午阳光透过窗户照到教室的地面上，暖洋洋的，我走进教室，轻轻坐到小陈对面，她瞥了我一眼，没吭声，也许心里想老师又是来批评她了吧。

"乍暖还寒的时候，天还挺凉的，要多穿点衣服啊，看你今天穿的不多，冷不冷？"我的语气尽力温和。"还行。"她眼睛没看我，脖子侧扭，脸朝向左边。我知道她还是拒绝跟我敞开心扉。"你练过书法吗？""书法？没练过。"她疑惑地看着我。"我看你作业写得真好，字也很漂亮，还以为你练过呢。不过，你语文作业写得很好，但其他科目没交作业呀，怎么回事？""听不懂。"她回答得干脆而简洁。"听不懂也不要着急，咱慢慢来，写作业的时候可以问问同学，尽量及时上交……"慢慢地，她对我的戒备心开始淡了，开口与我说起自己的日常经历。

后来小陈成为我的得力助手，她主动承担班级任务，卫生值日、眼保健操、运动会、黑板报等，她都是负责人，我布置的寒假作业，她也率领小组成员成为完成最优秀的一组。她喜欢上了学校，平日能主动和其他老师打招呼。每个周二下午的烘焙课上，她会把自己烤的小点心送给老师尝尝。一个阳光自信、对自己和他人负责的小陈渐渐成长起来。

2014年5月，青岛电视台《今日》栏目到校采访，小陈说的一句话打动了记者。

"王老师是我遇到的最好的老师！"

采访播出后，小陈妈妈给我来电话感谢。她说邻居们也看了电视，都向她祝贺孩子懂事了，她感到很欣慰。

现在，小陈的妈妈也不再无原则地迁就小陈，不再把父母之间的矛盾传达给孩子。她会根据老师的指导与孩子沟通，配合老师做好孩子成长的引路人。

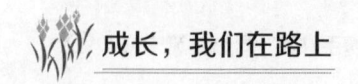

【教师感悟】

　　一个问题学生的背后往往有一个甚至两个问题家长。实践证明，家校携手才能创造出教育的最佳效果。这里讲的"家校携手"，不是简单地跟家长告状，指斥孩子的不足，也不是将教育的责任推给家长，而是深入了解学生的家庭背景，结合学生的现状与家长的需求，做出科学有效的指导。

　　作为中职班主任，了解班级学生的家庭现状，从家长的需要出发，帮助家长提高家庭教育水平，尤其是多渠道、多角度地研究学困生的家庭教育，是今后面临的重要任务。

青岛商务学校　王晓丽

你的笑容，我的心愿

　　我自认是一名平凡的不能再平凡的班主任，要求无他，只愿我的学生每天开开心心来上学、高高兴兴回家去。学生的笑容就是我的心愿！

——题记

　　我的学生阿文，这个曾经开朗的男孩，已经有很长一段时间不见笑容，除了发呆就是睡觉。多次交谈，他除了摇头就是无语，可是他强忍的眼泪却告诉我：有些事我必须得了解。阿文非常抵触家访，又不愿提及家里情况，道听途说的外围了解也缺少针对性。正在此时，家长会来临了！

　　家长会后，我特地留下了他的父亲。终于，在阿文父亲愧疚的眼泪里，我知道了我曾经不知道的故事：阿文生活在一个重组家庭，父亲常年在外地工作，特殊的家庭关系让他只能跟着年迈的奶奶生活。缺少母爱的他，既不能和父亲常见面，又不能和奶奶及时交流，变得极为敏感。在一次矛盾中，他父亲曾经冲动中说了一句话：如果不听话，我也不要你了，你去找你妈吧！可是阿文的妈妈从离开后就从来没有回来看过他。正是父亲的这一句话让他感到：妈妈不要自己，现在爸爸也不要自己，都嫌弃自己。于是，焦虑、不安，最后变成失眠，导致他整天无精打采！

都说男儿有泪不轻弹，只是未到伤心时。我眼前又浮现出阿文落寞的身影，似乎又看到初中时他手臂上留下的烫伤。我该如何帮助这个曾经开朗的男孩？

新学期开始，阿文的表现依然异常萎靡不振。每天都迟到，甚至一天都不见人影，每一次联系家长找人，电话里总会传来他奶奶无奈的叹息。原来最近一段时间，他奶奶有事不在家，只有阿文一人，饭不能按时吃，觉不能按时睡，早晨不能按时醒，于是身体变弱，脸呈菜色。我心里着急，可又不能采取过激的办法，必须一步步让他感受到我真心实意的关心。

阿文曾经是一个非常关心班级荣誉的学生，那就以此为突破口，先解决出勤问题。阿文说，他不想迟到，可是他醒不了。我决定每天早晨准点打电话叫他，阿文说闹钟就放在枕头边，都快响哑巴了，不管用。于是我安排住在附近的同学上门叫醒。结果负责叫醒的同学说，门都快拍烂了，嗓子都喊哑了，没用。

怎么办？我和阿文说，强迫自己早点睡，保证睡眠，这样就能按时醒。他却告诉我，每天晚上躺在床上睡不着，一部《三国》都快翻烂了，也没办法。

心病还须心药医，要想对症下药，家访势在必行。于是，我给了阿文一个缓冲：再有三次迟到，第三次我就家访。虽然阿文不太相信我真的能去，但是第二天还是按时来了。可是我的高兴好像还没正式开始就结束了，坚持了不到一周，阿文的身影又成了我遥望的对象。第三次，他没有来上早自习。下课后，在班长的带领下，我去了阿文家。

在接到我的电话后，阿文奶奶和父亲先后打车赶回家；阿文当时已经在去学校的路上，正打电话给我说明情况，一听我走在家访的路上，惊讶之中又匆匆返回家。学生、老师、家长，终于面对面坐在一起进行沟通。

然而，这次家访令我百味杂陈。我惊讶，因为我听到的除了家长的无奈外，几乎全都是阿文的缺点错误还有他以前的不良表现；我尴尬，为了维护阿文在我面前的自尊心，我要时时地提及他的优点与努力来消减家长对他的不满评价；我心疼，我看到了阿文的愤怒，面对来自家人的指责，他几次拎起书包想走。我深深感到，家长和孩子之间缺少的不仅仅是交流和沟通。

这次家访的成功之处，就是家校达成共识，向着一个方向努力——暂时先不问学习，先解决阿文失眠的问题，哪怕用一周、一个月甚或一学期的时间，协助阿文逐步养成合理的作息习惯；以赏识教育为主，在心理上、身体上多多给予关注，用真诚与关爱架起信任的桥梁！

或许是我的有意维护让阿文感受到了我对他的信任、理解和期望，在回学校的路上，我们之间的谈话异常的和谐。从陪奶奶聊聊天、学会哄老人开心到替父亲尽尽孝心、学着做点家务，我们谈的都是些家常琐事，可是阿文听得认真、应得积极。我知道，他正在为自己进行新的定位。

日子平静的一如往昔，可是只有我自己知道我内心的期待，每天到教室的第一眼便是看向某个特定的位置。终于，阿文变得开朗起来：体育节、艺术节等各项活动中，都有他积极踊跃的身影，甚至在课间，他那久违的笑声也回响在耳畔。

【教师感悟】

作为班主任，学生真心的笑容就是我的心愿。看到阿文重新绽放的笑脸，我的心中也一片明媚。毕淑敏说："一个人就像是一粒种子，天生就有发芽的欲望。"要想激发这种欲望必先寄予希望，怀抱希望生命就会散发青春的光辉。无论是家长还是班主任，都是学生的引路人，我们应该用希望照亮学生前进的路，在希望中拼搏，用希望铸就成功，绽放最美的笑容！

青岛电子学校　张俊霞

今天的教育是为了明天得体地放手

世界上所有的爱都以聚合为最终目的，只有一种爱以分离为目的，那就是父母对孩子的爱。父母真正成功的爱，就是让孩子尽早作为一个独立的个体从你的生命中分离出去，这种分离越早，你就越成功。

——题记

多年的班主任工作实践让我深深体会到，家长的陪伴需要适度，需要方法，一个是否会陪伴孩子的家长将直接决定着孩子的成功与否。

人生如四季，春生夏长、秋收冬藏，教育理应顺时而为。家长一定要学会在每一阶段完成自己不同的职责。在15年的班主任生涯中，我遇到过太多的孩子，在家长打着爱的旗号的过度陪伴下失去了免疫力，失去了判断能力，在家长需要放手的时候，孩子变得无所适从。

班里一个男生小袁，做事踏实认真，而且有着男孩子难得的细心。但让家长最苦恼的是他说话口无遮拦，不知道哪句话该说，哪句话不该说，常常因为不得体的语言而让家长觉得难堪。

入校后，我也真正领教到了。如：老师已经在教室上课了，他进教室不知道打报告，自言自语地回到座位，又自言自语地外出，让老师目瞪口呆。他不合时宜地和老师争论，常惹得同学侧目，让他闭嘴。

随着了解的深入，这些语言表达的习惯我慢慢地能帮助他改正，但另一种习惯却让我犯难，那就是他做任何事情总是慢三拍，尤其是学习。上课5分钟了，他还没拿出书来，要听写了，他还在那里无动于衷，直至老师或同学提醒。上课期间常走神儿玩纸或吃东西，要么就在那里发愣，这样就错失了很多接受知识的机会。抓住课堂是提高学习成绩的最重要途径，课堂听讲质量上不来，成绩是不可能好的。到底是什么原因导致他这种精力不集中呢？我猜想，这里面是否存在着家长的过度陪伴。

于是，我约家长到校。随着与家长的深入沟通，我找出了小袁以上表现的原因。

小学时，每天写作业母亲全程陪伴，更确切一点说是密切陪伴，情景就是：小孩子趴在书桌前写作业，妈妈趴在桌子一角，一只胳膊肘放在桌子上，目不转睛地盯着孩子，时不时地提醒点什么。

进入初中，母亲觉得初中的学习更重要，也不能放手，于是继续"细心""耐心"地陪伴孩子学习。

每一个单词的听写，每一道数学题的解答，每一个生字的默写，母亲无不一一检查落实，往往是孩子没背过，母亲已经掌握得滚瓜烂熟了。初三一年，母亲不再工作，全程陪伴孩子，检查巩固复习。所以，当孩子一离开母亲的视线，离开母亲的叮咛，他自己便无所适从，也不知道该干什么。

原因找到了，对症下药出良方，才能收获成效。

我告诉小袁妈妈，父母真正的爱是让孩子尽早作为一个独立的个体从你的生命中分离出去。而她的做法是从成人视角一味地去关注孩子，却忽视了关注陪伴的意义是要孩子学会自我分辨和独立成长。家长应该给予孩子空间，教他们自己处理自己的事，这个过程可能磕磕绊绊，但这就是成长的真谛。家长对孩子的陪伴，不同阶段有不同的任务和方法。小学阶段最重要的是养成良好的学习习惯，而不是侧重于抓学科成绩。所以，小学阶段抓习惯养成，初中阶段抓人生观培养，高中阶段完善价值观形成，然后家长得体地放手，教会孩子为自己负责，这才是我们要遵循的教育规律。

如果家长什么事都帮助孩子，就是在剥夺孩子成长的权利，孩子没有适时得到成长，将来遇到问题就会不知所措，小袁现在的表现就是典型的过度陪伴后遗症。所以，要纠正孩子的行为，首先要家长转变观念。

小袁妈妈很赞同我的分析，决心从让小袁独立收拾书包开始，一点点补上缺失的成长课。

在家校联手的努力下，小袁慢三拍的毛病慢慢改了过来。课前2分钟铃，他就会把当堂课需要的书本练习册整齐地摆在课桌上，上课听讲也能集中注意力了。他渐渐学会了与老师同学沟通，担任了班级生活委员，每天很积极地为同学们服务，得到了同学们的肯定。

所以，要改变孩子，必须先改变父母。

【教师感悟】

　　棋手在下象棋时，常常会用"弃卒保车"战术。对孩子真正的爱，也不是过度干预，而是适时放手。一只风筝能不能飞向高处，全看放风筝的人愿不愿意松线。但凡那些孩子成才的父母，往往都有一颗很大的心，他们很多时候都很能忍，忍住不去管孩子的细枝末节，让孩子自己有成长的空间。

青岛商务学校　　王晓丽

杠精"小红"

> 一个班级的学生,人人都有自己的学习、成长经历,而中职学校学生的情况尤为复杂,遇到杠精时该怎么办?
>
> ——题记

班上有个学生叫"小红",新生军训第一天就挨了处分。按学校军训要求,学生统一穿白色T恤、蓝色长裤,但第一天"小红"就特立独行地穿着大红T恤配短裤来了,"小红"代号也是由此而来,为此他还沾沾自喜。第一天军训他不听教导,拒绝训练,顶撞老师,虽然我苦口婆心一番教导,但他依然我行我素。正式开学上课之后,他的课堂表现、日常习惯等各方面都有很大的问题,总是一副自我感觉良好、言谈举止高人一等的状态。各科老师及同学也反映他上课总是在睡觉,一叫起来回答问题就很不耐烦;或者处处跟老师同学抬杠,总和别人唱反调。不管对方说什么,他总是用胡搅蛮缠的经验进行反驳,想在语言上、声音上碾压别人,顺带给别人添堵,俨然一"扛精"附体,可以说是班里的头号"问题学生"。

遇到这样的杠精,我通过网上学习相关知识,向老班主任学习,跟其他任课老师沟通交流,从学生方面了解情况,我对自己的教育方式进行了反思。学生的行为是其心理的表现,处在青春期的年纪,本身就容易有逆反的心理,总有一种想挑战秩序和"权威"的想法,再加上师生间恰好是一个"斗争"的平台,反而更容易刺激其做出种种不遵守纪律、不遵守规矩的举动。同时,学生的行为也是其内在需求及动机的外显,他害怕别人看不起他,渴望同伴更关注他,于是他用另类的行为方式,如哗众取宠、贬低同学、口出狂言等。他和班上的才子前后桌,一日因为桌子的空间问题发生了冲突,"小红"首先骂骂咧咧,才子气不过回骂了一嘴,"小红"便不依不饶起来。见状,班委及平时被"小红"欺负的同学都纷纷前来声援才子,"小红"见状立马怂了下来,赶紧作罢。一连三天他俩都是全程零互动,都把彼此当空气。正值周五要布置班级教室图书角,需要派同学去图书馆选书,我决定安排他俩前去，起初他俩都很不情愿。"小红"问："班里这么多人为什么要他去？"我说："咱们教室的图书角是我们汲取知识的乐园，需要有人为我们开垦荒地，开辟新天地，你力大无比，才子满腹诗书。你们俩密切合作准能带给我们惊喜。"他见我如此诚恳，才勉强同意。他们分工合作，才子负责选书，他负责搬运。密切合作后，他们摒弃前嫌，握手言和。

同时，通过与他家长的多次沟通，我了解到，"小红"的父母都是知识分子，从小妈妈对"小红"就极度溺爱。上初中后，爸爸感觉对孩子的管教应该严格起来了，但是为时已晚，爸爸的严格却换来他的非常逆反，不但不尊重家长，还处处与家长对着干。后来就演变成了家长对其束手无策，听之任之。家长也很苦恼，认为在这样双知识分子家庭出这样顽劣的孩子很是丢人。抗疫居家学习期间，我抓住机会，多次与"小红"的家长沟通，家校携手共育，他的情况确实慢慢有所好转。其间，在落实相关措施要求的基础上，我鼓励学生观察思考平时忽略的日常生活细节，感受关怀亲情，激发爱国热情，努力学习报国。"小红"的表现也没有落下，居家抗疫第一次升旗，他居然准时参加了，还让家长帮着拍了升旗的照片。我及时在云班会上对他进行了表扬，在之后的每次直播课他都会按时参加，考勤表现良好。

对于这样的学生，我深知教育非一朝一夕之功，还需要慢慢用心感化。

【教师感悟】

对待杠精类学生，应该采取"容错性""微关怀"的处理方法。一般性的问题尽量冷处理，避免直接冲突，日常教育上弱化强制性要求，侧重引导学生思考如何做，尽量为其提供展露才华的机会，满足其"成就动机"，唤醒其处于沉睡状态的"本源性"道德意识，努力将其身上的负能量转变为正能量。对待学生，更要以己度人，春风化雨，不言放弃，讲究方法，用真心交流，用真情感化，实现学生的自我成长。

青岛电子学校　李磊

倾 听

> 我有一个毕业多年的学生，现在我们的关系除了师生，还是朋友，多年的情谊是用高中三年彼此信任和爱护得来的。
>
> ——题记

年前，小张又带领他的死党提着大包小包来看我了，每年和我有关的节日，教师节、母亲节、我的生日……小张的问候总是如约而至。

小张生活在一个单亲家庭，父母情感的再三破裂使他有着超越同龄人的成熟，他跟我倾诉说："我爸妈在我初三要中考的时候离婚，离了没多久又复合了，然后在我上高三要春考的时候又要离婚，他们离婚我不在乎，可能不能选个别的日期，人家的父母都是孩子要中考要高考，即使离了，也想方设法瞒住孩子，等考试完了再告诉他。我的爸妈正好相反，他们总是在我最重要的时候办他们认为最重要的事，他们认为我和别的孩子不一样，我能承受住。"多么让人心疼的孩子，逼着自己长大，被迫理解成年人的情感。

我理解小张的苦闷，从心里同情他，有时他会陷入莫名的烦恼中，上课走神、睡觉，下课无精打采，到了高三面临春季高考，看着小张这样的状态我很着急，他把我看成是亦师亦友的人，烦恼都向我倾诉，我当然不能辜负了学生的信任。我要让小张忙起来，让他没有时间苦恼，于是我给他安排了好多工作，他像我的秘书一样每天围绕在我身边，每个课间和中午帮我做各种表格，写各种文案，我的杯子空了他会给我填满水，办公桌乱了他会给我收拾得整整齐齐。慢慢地我发现他竟然能独立处理本该由我亲自处理的各种案头工作，时间长了就算我不在学校，他也可以打开电脑熟练地完成学校布置给我的任务。看得出来，小张的工作能力很强，他经常出现在办公室，和其他老师的关系也很好，老师们有时候还打趣他，说他是"副班主任"，这时候他总会莞尔一笑，然后顺便帮其他老师也做些事情，因为帮我，挤占了他的一些空闲时间，所以课堂上小张注意力非常集中，听课效率高，成绩也突飞猛进。最终小张顺利通过了春季高考，进入了他心仪的大学校园。

成长，我们在路上

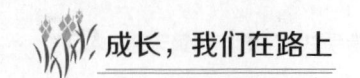

> 【教师感悟】
>
> 苏霍姆林斯基说："尽可能深入地了解每个孩子的精神世界，是教师的首条金科玉律。"我想小张每年对我的问候，不仅是因为我教给他知识，更因为在他苦闷的青春期里，有个人愿意倾听他的内心。
>
> 青岛电子学校　胡雨雨

你的感受，我感同身受

　　2020年的春天，一场疫情，影响了我们正常的教学秩序。在这个超长寒假中，我们开始了网课的学习。这是一种崭新的学习模式，老师、学生都需要适应。

——题记

　　晚上，已经将近10点了，一位任课教师在微信中告诉我："真被你们班的小徐同学气坏了，他的作业一直没有交上来，我找他要，他竟然心烦，嫌我管他。还知不知道好歹了！"

　　我微信上联系了小徐同学，直接问他，你的作业为什么没有交上？是遇到什么困难了吗？他迟疑着说："家里也没有人提醒我，我忘记写了，现在去写。"犹豫了一会儿，他又嘟囔着说："老师，我觉得生活挺没意思的……"

　　在校上课的时候，他就有这样拖拉的习惯。作业总是最后一个交，课代表不催着不知道写。但是在提醒了一段时间后，还是很有进步的。现在在家里上网课，需要家长的督促，是否家庭教育没有跟上，导致他的拖延症更加厉害了呢？我决定与小徐的妈妈聊一聊。

　　第二天上午，我拨通了小徐妈妈的电话，大致了解了一下小徐在家里的状况。

　　小徐有一个弟弟，现在上小学，也在家上网课。妈妈平时所有的精力都放在了弟弟身上，无暇顾及小徐的成长，或者主观上也不想管这个孩子。原因有三：一是小徐现在正值青春叛逆期，妈妈的话他也听不进去，有时候还顶嘴，所以家长也就放任不管了；二是妈妈觉得，平日自己管孩子时间比较多，现在儿子大了，应该由他爸爸多管；三是妈妈觉得，小徐已经上了职业学校，这一生算是废了。她想把精力放在弟弟身上，希望弟弟能学习好，以后考个好大学。

妈妈告诉我，对待小徐，她打也打了、骂也骂了，可是他都不听，现在也没有办法。他爱写不写，家长无能为力。

我电话里指导家长，这个年龄的孩子不应该去打他，也不应该去骂他，而是要和孩子多谈心，真正让孩子感受到父母的关爱。明确孩子现在需要的是什么，然后帮助孩子找到学习的目标，找到人生的方向。只有唤起孩子的梦想，他才有动力去自主学习。

另外，在家庭教育中，父母一定要站在同一战壕里。不能让孩子感觉一会儿爸爸管，一会儿妈妈管，而且父母双方意见不统一时要背后解决，不能当着孩子的面闹分裂。

妈妈接受了我的建议。

我又拨通了小徐的电话，电话里我告诉小徐这样几点。

一是你现在是一个学生，写作业是作为学生的本分。它就像老师要上班就要写教案、工人要进厂就要做零件是一个道理，不完成作业是错误的。

二是每一位老师都是白天要备课、上课，还要给学生批改作业。任课老师能做到晚上将近十点还在等待给学生检查作业，证明这个老师是负责任的。我们要心存感激，而不是不耐烦。

三是老师也知道，疫情期间，每个人都会心情烦闷。因为憋在家里不能外出，很多事情干不了。这样的超长寒假也给我们的心理带来了很大的影响。但是，我们一定要有明确的目标与方向，这样才能克服困难，拥有前进的动力。

经过沟通，小徐决定尽快地完成作业，并且向任课教师承认态度的错误，做到以后尽量不拖沓、不延误。

我又给小徐布置了小任务，以后每节网课开始前2分钟，在微信群或QQ群第一个跟老师和同学打招呼。小徐也答应了。

接下来的网课学习中，尽管他有时候还需要我的提醒，但大部分时间都能够主动上交各科作业，课堂表现也比较活跃。

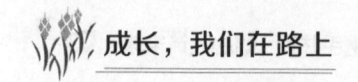

【教师感悟】

疫情带来的超长寒假，让家庭教育变得尤为重要。在这个寒假中，哪位家长抓得紧，学生明显就进步；哪位家长教育不到位，学生明显就后退。所以作为班主任，在获知学生的学习状态有问题时，不能单方面地去指责批评学生，而应该找出导致这种现象的原因。家校携手往往能达到事半功倍的效果。

青岛商务学校　王晓丽

抠指甲的男生

每一届学生中总会遇到几个特别的孩子，他们的故事经常在我脑海中浮现。

——题记

潇就是这样特别的一个男孩，刚来的时候我和潇讲话，他总是抠指甲，细细一看，他的右手食指指甲都快被抠掉了。我能立刻感觉到这个孩子不一般，开家长会时我和潇的妈妈聊了很长时间，果然证实了我的想法。潇来自离异家庭，正处于青春期的他和妈妈的关系不算融洽，对爸爸也存在着很深的成见。瞬间我觉得自己的责任很重大，如果我能做点什么，或许潇内心的自卑、焦虑和反叛就会有所改变，从此以后我总是默默地关注潇，寻找一个机会走进他的内心。

潇爱踢足球，谈起足球时往往眉飞色舞、口若悬河、头头是道。于是我对潇说："你看大家都爱听你讲足球，你利用下午自习课时间给大家开个足球专题课吧，正好给我们普及一下足球知识。"潇听我这样说，高兴极了，连连说："可以可以。"我接着鼓励他说："你的足球知识非常丰富，回去一定要认真准备，讲的时候要条理清晰、生动形象，你可以做PPT辅助你的讲解，或者下载一些视频，这样会增加你专题讲座的趣味性，更能吸引老师和同学们。"潇很认同我的建议，说："老师，你放心，我一定好好准备。"经过一周的精心准备，潇带着自己的PPT大步流星地走上讲台，手舞足蹈地讲着足球的规则和趣事，一会让大家看视频，一会自己和同学现场演示，同学们时而认真听讲，时而爆发出夸张的笑声。潇完全掌控了全场，从他的眼睛里我读出了愉悦和自信。下课铃声响了，潇和同学们都意犹未尽，我说："看来大家都没有听够啊，潇同学能不能后面接着讲啊？"潇高兴地接受了任务，第二周又赢得了满堂彩，同学们听得津津有味，还学到了很多足球知识。从那以后大家经常和潇聚在一起谈论足球，学校组织足球赛时我推选潇负责所有事宜。潇表现得很积极，从动员同学参加到买队服、买水、组织啦啦队加油，一点没有让我操心，我发现潇忙得已经没时间抠指甲了，上课学习，下课还要和同学聊足球。他的妈妈打来电话给我说："老师，自从来到了咱们班，潇的变化太大了，回家也不大玩游戏了，吃饭的时候总和我聊班里的事情，早晨起得可早了，说要早点去免得迟到，而且他基本不抠指甲了，抠掉的地方正在慢慢恢复。"我听着他妈妈兴奋的语气，高兴极了。

每当看着一个快要掉队的学生在我的鼓励和关爱下，重新整装出发时，我的内心都会充满喜悦和成功感，学生的进步会让我一次又一次地感到无悔于教师这个职业，无悔于班主任这个岗位。

【教师感悟】

"捧着一颗心来，不带半根草去"，陶行知先生的话语犹在耳边。当老师多年，给予学生爱和责任成为我的信念。每当遇到一个特别的孩子，我总想起陶行知先生的这句话，激励我在教育的路上继续前行。

青岛电子学校　胡雨雨

成长，我们在路上

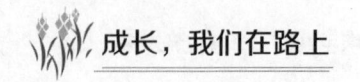

才子——小满的烦恼

> 苏霍姆林斯基说："没有爱，就没有教育。"顾明远先生也主张："以爱养爱，以爱育人"。在教育小俊的过程中，我感受到教师的爱对学生的影响，就如阳光雨露对岩石中生长的小草般的呵护与滋润。
>
> ——题记

入学报到，也是首个家长会，小满的家长没来，小满是自己带着材料来的。初见小满，个子不高，有些腼腆，笑起来还有浅浅的酒窝。上交材料给我时，小满双手捧着说："老师，您看我的材料齐了吗？"我接过来仔细检查一番后，告诉他没有问题，都齐了。他很有礼貌地道了谢，随后找了一个角落的位置安静地坐下等着开会。

家长会后，小满的妈妈联系我，要让家不算太远的小满住校，说："老师，我没开家长会是因为小满打骂父母，把我从楼梯拽下摔伤了腿。你一定要让小满住校，我一刻也不能和他住在一个屋檐下了。"我耐心安抚并解释说："目前宿舍已经排满了，优先安排市内四区之外的学生，如有特殊原因确实需要，可以先登记排队，等待学校安排。"清官难断家务事，根据我对小满的第一印象及小满妈妈的控诉，我不敢贸然判定孰是孰非。我尽量把握好尺度，扮演好一个"调解员"的角色。之后，我找小满的爸爸沟通，得知小满并没有打骂父母，只是他妈妈打他的时候，他用胳膊挡回去了，他妈妈就坚持说是打她。被父母训斥急了，小满话赶话说出了："身为父母，只生不养，不配为人父母。我长大了也不会孝顺你们的。"他妈妈就认为他不孝顺。摔伤脚的事，也是发生在小满初三毕业考试前夕，小满与父母争吵要离家出走，在推让之间小满妈妈失足摔下了楼梯。

军训期间，我特意对小满多加了几分关注。他平时的训练与其他同学一样，身材和身高都不算突出，但眼神里透着认真与坚定。更让我意外的是，他主动承担了军训期间的宣传报道工作，青涩的字迹下，流露的是切身的感受和思考，也有对未来的憧憬与希冀，"小才子"的名声也在班里流传开来。

之后，班级需要上交的文字材料，也都由他带头拟定。在自己得心应手的领域，他如鱼得水般享受着以此带来的成就感。

开学一个月后，小满的妈妈来学校找我。交谈期间，她说："小满就听老师的，初中的时候都是老师管他。老师，你平时要多帮我们管管他。我和他爸爸讲什么，他都不听，还跟我们对着干。他一点不懂事，也不亲我们。我和他爸工作很忙，他只顾着玩手机，不知道做饭，更不知道照顾他小弟，我怕他弟跟他学坏了。"之后，我单独找来小满，面对面谈心，倾听他的烦恼。畅谈后，他跟我致谢道别。以后，每每有烦心事的时候他都会来找我倾诉。

经过一段时间的观察接触，我发现他是一个内心细腻、敏感而脆弱的人，喜欢自由。幼年的成长经历，无疑给他留下了深刻的印记，学校也许是他寻求慰藉的港湾，而内向的性格又让他更多地诉诸文字。有时候外表的平静不能阻止内心的波澜，这样的学生其实更需要真诚的关怀，更需要从成长中体会人生，更需要坚守内心的阳光。

【教师感悟】

　　作为班主任，面对纷纷扰扰的家庭与学生、家庭与学校，我首先选择信任我的学生，绝不做伤害学生的"帮凶"，我愿用爱与信任陪伴学生成长，见证他们成才。

青岛电子学校　李磊

信念在，路就在

　　来路或许不公，命运或许不济，但是我们只要相信，路在脚下，路就在远方。

——题记

　　秋日的时节就是那么让人舒服，逃过了酷暑的烈日与闷热，也脱离了那份烦躁与倦懒。

成长，我们在路上

走进教室，窗明桌净，环视同学，青春洋溢，看着就舒服。

当看到赵同学的眉宇时，我不由得眉头一紧，因为每次看到他，我都会想到小时候看的动画片里的一个小朋友——"不高兴"。平时与他的交流很生涩，他经常说的就是"不知道""不想说"，而且少见他微笑，更没见过他大笑。

其实我也理解他、同情他，小学时父母离婚并各自成了家，而且都不要他，他只能和爷爷一起生活，奶奶也过世了，多年的不如意把他压抑成这个样子，每次看到他，我都不由得心头一酸。

我很清楚，要想帮他改变是非常难的，这种渗透到骨子里的压抑只能用春风化雨、润物无声的功力和时间才行。

我首先得和他成为朋友，让他信任我。我说要去他家家访，他不高兴地说："老师，不行，家里没什么好看的，也不方便。"我理解他的这个反应，自卑心也是自我保护的一种方式。

不管他高不高兴，一个周六的下午，我买了点牛奶、坚果之类的东西来到他家。打开门的那一刻，赵同学除了惊讶，还是惊讶。

他家就是一个小套二，没有客厅，从家具和家电也能看出生活不太宽裕。他有一对狠心的爸妈，还好他有一个身体不错的爷爷，两人相依为命，也算平淡无事。

家访中，没有批评，没有要求，就是聊天。戒备之心慢慢放下，话自然多了起来。家访结束后，我们的心近了许多。

在之后的学校生活中，我经常故意"麻烦"他，让他帮我搬点东西，帮班级搬搬抬抬，让他帮着收收作业、发发东西，等等。慢慢地，他和我的话多了起来，和同学的交流也越来越多，人自然也开朗了起来。

这是一个很好的开始，人生的路还很长，需要他一步一步扎实地走下去。

【教师感悟】

老师要和学生的心走在一起，替他们着想，帮他们成长。从这个故事中，老师也要让学生明白，每个人生来的环境是不平等的，但是奋斗的权利是平等的，信念在，路就在。

青岛电子学校　林嘉青

第四章 增强危机意识 变危机为契机

成长，我们在路上

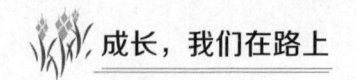

特别的爱给特别的你

> 马斯洛的需求层次理论中说，安全的需要是基础的需要，作为班主任，在危机到来的时候，学生的安全和利益永远是第一位的。
>
> ——题记

在班主任工作中，经常会出现一些让我们猝不及防的事情。

那年冬天，我带的中职与普通本科高校"3+4"对口贯通分段培养的学生已经到了高三上学期，大家都在准备学期末对应本科高校组织的专业课转段测试。学习紧张而有序，可就在期中考试后小凡的妈妈打来电话给孩子请病假，开始说是重感冒，经过一段治疗又说是肺炎，20多天过去了依然没有好转，最后被确诊为肺结核。还没等我在班上宣布这件事，小凡的好朋友小林已经通过QQ得知了小凡的病情并在班里把这个消息传开了。消息一出，班里就炸了锅，气氛异常紧张。大家都知道肺结核的传染性比较强，顿时人心惶惶，尤其是小凡的同桌更是感觉全身都不好了，怀疑自己被同桌传染了。我知道此刻只有权威专家的解答才能平复大家的恐慌情绪。为此我请示学校并聘请了市疾控中心的专家为全班同学做了关于肺结核知识的专题讲座，专家的权威解答让同学们慢慢平静下来。接下来我们按照专家的指导每天对教室进行消杀，学校组织全班同学和我班的任课老师进行了肺结核皮试筛查，结果显示除了小凡，大家都是安全的，我和同学们悬着的心终于放了下来。

可还有病中的小凡呢，为此我召开了《小凡生病了》的主题班会，通过班会大家达成了一致：小凡对于自己的疾病之前是未知的，目前他在身体和精神上都是非常痛苦的，这一刻最需要集体的关心和帮助，我们要从精神上和学习上鼓励他、帮助他。

再来看看小凡的状况。他固执地以为这个病是治不好的，无论医生怎么说他都听不进去，况且转段测试已经迫在眉睫，考试前治好病几乎不可能，这势必会错过考试，错过升入大学的机会。还有就是因为这个病，以后没有人愿意接近他。重重压力让小凡透不过气来，他极度不配合治疗，有时甚至拒绝治疗，小凡的父母急得直掉眼泪。

小凡平日里比较听我的话，我咨询了他的主治医生，戴上口罩来到了他的病房。我为他详细讲解了肺结核的知识，让他明白肺结核完全可以治愈。我带去了全班同学拍摄的"祝他早日康复"的小视频，同时也带去了同学们每节课的详细笔记、试卷、试题答案及实训课的录像，我甚至把实训课练习用的电路板带到了他的病房。小凡和他的父母都十分感动，小凡终于答应好好配合治疗。接下来每天晚上我都会给小凡打一次电话了解他的状况，跟他讲讲班里发生的故事。小凡妈妈说生病期间小凡最大的期待就是每天晚上七八点钟接王老师的电话。

尽管我们都很努力，但是小凡的病情比较严重，距离最后的转段考试已不足一个月。医生说由于这段时间小凡的学习压力过大，这个病又特别怕累，所以治疗效果不理想，转段考试前肯定治愈不了。那怎么办？医生建议休学。天呢！小凡不想离开这个班级，而且"3+4"对口贯通培养才刚刚试点，从来没有过休学的情况，小凡会不会就此错过他的本科梦？我一边做着小凡的思想工作，一边请示学校。学校高度重视，在我与校学生处、招生处、教务处、医务室等各部门的共同努力下，先请示市教育部门，而后是省教育厅，经过一个多周的奔波与忙碌，最终把小凡休学的事情搞定。当我把休学通知送到小凡手里时，他泪流满面，一方面他前段时间害怕耽误了这么多课他会考不上，所以夜不成寐，这下好了，可以放心治疗，明年再轻松备考。另一方面他舍不得这个班和老师，我告诉他，他永远是这个班级的一员，我把全班同学给他录制的视频给他看："风里雨里，大学等你！"在卸下了这副重担之后，小凡全力配合治疗，身体恢复的也比较快。

第二年小凡随着下一届"3+4"顺利转段到大学继续学习。小凡到大学报到那天，全体同学在大学校门口夹道欢迎，兑现了他们"风里雨里，大学等你"的诺言，小凡非常感动。小凡的父母也十分感谢学校，送来了一面写有"教书育人，关爱备至"的锦旗。他们认为是学校、老师和同学们在小凡最困难的时刻想他们所想、急他们所急，才有了孩子今天灿烂的前程。

成长，我们在路上

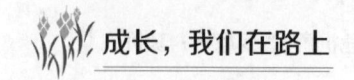

【教师感悟】

　　面对危机，班主任应尽可能地集合家长、学校领导、各个处室、任课教师和全班同学的力量来共同应对，将危害降到最低。同时想方设法将危机转化为教育契机，让每一个同学相信，在一个有爱的班集体里，什么样的困难都不能阻挡我们并肩前进的步伐！

青岛电子学校　王爱玲

我想退学

　　所谓"亲其师，信其道"是很有道理的，我和小李的故事很好地诠释了这句话。

——题记

　　小李是从菏泽报考到青岛来上高中的，他说喜欢青岛的大海，毕业之后要留在青岛工作。可是刚来不久，小李就和同学们矛盾重重。有一天放学后，小李找到我说："老师，我想退学。"我惊讶地问："为什么？"原来小李的普通话带着浓厚的菏泽口音，一说话同学们就模仿他，甚至嘲笑他。小李自尊心受到伤害，觉得没有得到别人的尊重。我没有开导他，反而说："小李，老师要跟你说对不起，是老师疏忽了你，没有及时发现这个问题，给你带来了不愉快，你能不能先给老师一点时间，让老师了解一下问题，然后你再做决定。"小李看了看我，没有再说什么，点头表示同意。晚上我给班长打电话了解情况，班长说班里确实有同学故意模仿小李的腔调引得大家哄堂大笑，小李有时候很不高兴。但班长也跟我说小李情绪很容易激动，说话也很偏激，有一次因为一点小事还差点和同学打起来。

　　第二天一早我找到小李，对他说："小李，昨晚睡得还好吗？还想退学吗？"小李说："老师，其实我真的很喜欢青岛，但是咱班有些同学太过分了，不懂得尊重别人。"说完还是气呼呼的样子。我很认真地跟他说："老师最近有点忙，对你的关心不够，但是咱们不能因为别人的三两句话就退学啊,你是喜欢青岛才离家这么远来上学,现在回家的话既找不到好学校,又背离了你来这里的初衷,得不偿失啊。"看着小李若有所思的样子,我接着说:"咱不就是普通话不够标准吗?那有什么大不了的,这只是暂时的,只要从现在开始练习,用不了多久我相信你的普通话就会标准的,再说咱们高二还有普通话考证,你从现在开始练习,说不定还能拿个好的等级呢,到那时谁还能笑你呀?"小李似乎接受了我的说法,脸上的表情不再凝重,紧皱的眉头也舒展了好多,他底气不是很足地对我说:"老师,我试试吧,普通话考证难吗?"我见他这样问,就知道他退学的念头没有那么强烈了。我给了他一本配有音频的普通话考证用书,告诉他每天朗读,勇敢地和同学们交流,不要害怕自己的口音。小李拿着书临走的时候给我鞠了一躬,说:"老师,谢谢您。"

在做小李工作的同时,我也做其他同学的工作,尤其是那几个爱模仿小李的同学,他们也充分意识到了这种行为给别人带来的伤害,这种不文明的行为在班里逐渐消失。再来看小李,我经常看见他在空余时间拿着普通话书练习,有时还会跟周围同学请教,进步非常大。逐渐地,他能和周围几个要好的同学聊天了,高兴的时候哈哈大笑,完全没有了开学初沮丧的神情。我知道小李为了融入这个班集体也在努力地改变自己。有时我会有意无意地找小李谈心,关心他在学校的生活,鼓励他多参加学校的活动。小李对我也很信任,有烦恼的事情也会主动告诉我,看见我忙,会主动承担一些力所能及的事情,分担我的工作。

小李逐渐爱上了这个集体,平稳地走到了毕业,毕业后也如愿以偿地留在了青岛工作。

【教师感悟】

有些学生在刚融入班集体时会有困难,他们身上的某些特质在其他同学眼里像是异类,作为班主任,应有一双敏锐的眼睛,及时发现问题,想出妥善解决的方案,帮助这些学生走出困顿,积极融入班集体的生活中。

青岛电子学校　胡雨雨

成长，我们在路上

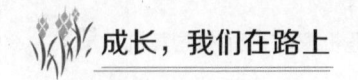

纸短情长伴成长

"云中谁寄锦书来？"有些青春的烦恼，不一定适合面对面的交流，书信的往来也许是更好的交流方式，因为字里行间都充满了信任和被信任的真挚情感。

——题记

小梁姑娘一入校就表现出与众不同：较强的自我管理能力，较好的生活习惯，原则性强。这些都使她在多数散漫同龄人中显得格格不入。我们是中职师范学校，对于学生的生活量化要求较高，小梁姑娘在这方面的突出表现让她自然而然地成了班级的生活委员。

工作的开始，她总是能第一时间做好自己内务，提醒和帮助同学整理内务，协助宿管老师完成宿舍内务检查。我本以为，她会越干越顺手，在同学中也能收获威信与支持。可是，事情的发展和我的想法背道而驰，刚刚过了两周，她就给我写了一封信，心中写满了委屈与困苦。她说她不理解为什么同学们有时候做的事情让她难以接受，她受不了这样的住校生活，更不想再担任生活委员了。我把她叫到办公室希望详细了解情况并一起找到解决办法的原因。通过交流，我明白了，她自己的生活习惯较好，作为生活委员，班级荣誉感强，希望同学们也能像她一样，做好自己的内务。如，有些同学随意使用别人的水杯；有些同学不清洗脏袜子，而是把脏袜子塞到换下来的鞋里导致宿舍空气浑浊；有些上铺的同学坐在下铺同学的床上聊天，影响别人休息，等等。总之，她就是看不惯这些行为习惯不好的同学，但是她自己也是刚刚十五六岁的孩子，缺少有效的沟通方法，往往好心地提醒同学，可是因为方式方法不对，让大家对她产生很多意见和误会，也使得她自己挫败感频频出现，心情沮丧，想打退堂鼓。我帮她一起分析了这些现象出现的原因，让她明白了每一个人的成长环境不同、性格不同、为人处世的方式和准则也不一样，我们得学会互相包容、互相尊重。当然，作为班干部，有义务帮助同学们朝着更好的方向发展，但是我们需要注意方式和方法，更要给大家一个改变的时间,多鼓励,多看进步,更好地用她自己的榜样作用去带动大家。我也很真诚地感谢她为班级生活管理工作做出的努力,也表示班里同学和我都需要她,希望她能坚持下去,以积极的状态去面对挑战,锻炼自己。我知道她也好强,不希望遇到问题就到办公室找我"哭鼻子",所以我和她约定,每周以书信的形式交流,一起解决学习和工作中的问题。

就这样,我们整整通信了一年,开始是每周她都会有一些苦恼和问题,我就一边开导她让她试着发现同学们的优点,把自己融入到同学当中,用一些小活动(宿舍名称海报评比、内务标兵、创意宿舍歌曲等)来带动大家对卫生工作和内务工作的重视,也让她更好地在活动中树立威信,获得大家的了解和支持。到了下半学期,通信的频率就越来越长了,问题越来越少了,喜悦和收获渐渐填满了书信。从二年级开始,她就跳出了班级的小舞台,以自己较强的工作能力进入了学生会的大舞台,也在毕业的时候如愿以偿考入本科院校,为自己的梦想插上了腾飞的翅膀。

【教师感悟】

不同性格的学生需要不同的引导和沟通方式,正所谓是"因材施教"才能起到事半功倍的效果。

青岛幼儿师范学校　李文毅

突发事件巧沟通

处理突发事件,要善于沟通,富有智慧。

——题记

"赵老师,不好了!小明这条腿动不了了!"此时,几个同学正搀扶着一脸痛苦的小明走了过来。

旁边站着的是耷拉着脑袋的小乐,只见他一个劲儿地向小明道歉:"对不起!我不是故意的!对不起!我不是故意的!"估计他也没料到自己竟会闯下这样的大祸。"怎么回事?不着急,慢慢说。"一脸自责的小乐解释着:

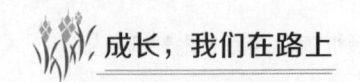

"我本来是想和他开个玩笑的，没想到……"

在同学们的补充中，我很快明白了事情的原委。英语会考结束后，大家亢奋不已，小明和小乐开玩笑，结果下楼梯小乐一推小明，小明脚一绊，骨折了。

看到愧疚不已的小乐，我说："男子汉应当承担责任，比如探望、安慰、照顾受伤的同学，担负必要的医药费。你认为呢？"他连连点头。继而，我又对小明说："事情已经发生了，能宽容尽量宽容。再说，同学也不是故意的，同学之间的情谊才是最重要的！"

我立刻联系了双方家长，事先做了铺垫，尽可能将大事化小、小事化了。通话中，小明家长了解到，小乐来自单亲家庭，从小跟着年迈的爷爷长大，比较听话、懂事，只是爷爷年龄大了，管孙子力不从心，不像年轻的父母那样与孩子沟通方便。

我让家长放心，事情已经发生了，我会和孩子们尽可能将损失降到最低，尽我们所能帮助孩子充实而愉快地度过高中最后一段时光。相信他们会以积极的心态面对现实，不负家长的信赖。

有了这样的铺垫，同学之间相互包容，事情就好办多了。

班级成立了帮扶小组，细化到打水、吃饭、上厕所等班级生活的每一个环节，都有专人负责。我对受伤的小明说："这下你可成了咱班的明星人物，大家都以你为重，看你多幸福啊！"我的话逗的孩子发出会心的欢笑。看样子，此次突发事件并没有给他的心理带来伤害。看着他坚强的表现，我打心眼里高兴。

大家对小明无微不至的关照感动了小明，也感动了天天接送他的家长，都夸我班同学团结有爱心，夸老师工作细致，非常放心小明生活在这样一个温暖友爱的班集体。

一次突发事件，让同学们变得更懂事、更有责任心，也让家长更加信赖学校。只要我们用心、用爱去处理突发事件，善于沟通，便会像塞翁失马，最终因祸得福。

第四章 增强危机意识 变危机为契机

【教师感悟】

全面了解事情真相后,在心理上对孩子、家长做好铺垫工作,让大事化小、小事化了,这是一门艺术。要尽可能将一些不必要的纷争和潜在的矛盾消灭在萌芽状态。

青岛电子学校　赵琳

你的一举一动左右我的视线

教育心理学告诉我们,教师的眼神影响着学生的心境和态度,对学生的情绪会产生极大的暗示和感染作用。

——题记

做了多年的班主任,我养成了一个习惯。每天早上一走进教室,第一件事就是扫一遍班里的每一个学生,我会从他们的眼神、表情、行为甚至衣着去捕捉他们透露给我的信息,去解读他们的内心世界。同学们都说我很神,他们遇事都逃不过我的眼睛。我总是笑着跟他们说因为他们的一举一动、一颦一笑都左右着我的视线。

那年我的班上有个学生叫小建,是名住校生,父母是建筑工人,常年随工程队在外,小建从小跟奶奶在临沂老家长大,不善言辞,性格比较内向,但除了学习成绩不太理想以外,其他方面都还好。但高二寒假回来,一连几天早自习,我都发觉小建趴在桌上睡觉,头上还带个帽子,好不容易把他叫起来他也是一脸的睡意,整天皱着眉头,脾气也比以前暴躁多了,老师们也不断反映小建上课经常睡觉。我多次问他为什么状态会这样,他说晚上总是失眠,白天头疼。我问他失眠的原因,他说没有原因。我帮他寻找了许多治疗失眠的方子也都不管用。我问他宿舍的同学为什么小建变化这么大,他们也都不知道原因,但他们说小建头上好像有点伤。

我曾多次尝试与小建交流,但都没有结果。在接下来的那个周末,我约小建来到一家咖啡屋。我本以为还是难以让小建开口,可没成想刚聊了几句小建就哭了，哭得像一个五六岁的孩子，边哭边跟我说："老师，我实在受不了了，我都快疯了，一到晚上我就头疼得厉害，脑袋都快炸了。"原来，在老家上初三时他喜欢上了班上的一个女孩，女孩成绩很好，后来考上了当地的一所重点高中。小建呢则在父母的要求下来到了青岛。女孩妈妈知道他俩的事情以后，坚决反对他们继续交往。于是两人表面上散了，但私底下却一直保持联系。

寒假时小建回老家过年，约女孩在一家小餐馆吃饭，被女孩妈妈撞见。女孩妈妈对小建破口大骂，小建刚想反驳，愤怒的女孩妈妈捡起地上一块小石头朝小建扔过去，顿时小建头上鲜血直流。闻讯赶来的小建妈妈刚要去拉架，不料被女孩妈妈猛推在地，鼻子也顿时流血不止。小建见状急红了眼，拼命要去打女孩的妈妈，但被众人拉住。事后，小建一直咽不下这口气，曾两次去找女孩的妈妈"寻仇"，听到风声的女孩妈妈躲了起来。

开学后这件事一直压着小建，每天晚上一闭眼就是那个打架的场面，无人诉说，愤怒愈演愈烈，于是他在做一个计划，要杀掉女孩的妈妈，买什么样的刀他都想好了。我知道，此刻倾听是治疗小建的良药。我不打断他，只做一个忠实的听众，时不时给他递上纸巾，让他尽情地把心中所有的委屈、愤怒和无助都倾倒出来。等这个十七岁的大男孩哭够了，说完了，我知道这件事他已经放下一大半了。接下来我表达了对女孩母亲做法的不满，同时也分析了女孩妈妈行为的原因，最主要的是今后怎么办。小建告诉我他和那个女孩已彻底分手，自己也想把这件事放下，但晚上就是睡不着，越睡不着就越想。于是我们就一起想一个晚上能睡得着的办法。我建议他晚自习后去操场跑步，跑累了自然入睡就快。小建听从了我的建议，每天晚上都到操场上跑圈，从最初每晚跑1500米到后来每晚跑3000米。小建的失眠现象逐渐消失，精神状态渐渐好起来。因为跑步疗伤，小建爱上了长跑。校运动会上，小建报了5000米长跑。可是因为拼得有点猛，跑到第六圈时腿抽筋了，我一个劲劝他退出比赛，但他就是不肯，咬牙坚持到了最后。尽管没有拿到理想的名次，但他赢得了全场观众的掌声。

高中毕业，小建参军去了，成了一名武警特战队员，到部队的第一年就立了三等功。去年他休假时回来看我，动情地说："老师，如果那个时候您没帮我，我有两种可能，一是疯掉，二是去杀人，那时我走火入魔了。老师，您教我知识固然重要，但您对我心灵的救赎更让我终生难忘。新兵连时特别累,有时累得尿血,但每当我想起那天在咖啡馆里您对我期待的眼神,我内心就充满了力量。"

我庆幸在小建绝望的时候走进了他的内心世界,并用信任和期待的眼神抚慰了他心灵的创伤,才有了今天我们优秀的武警战士。

【教师感悟】

　　班主任要想科学地处理班级发生的各种事情,就要勤于观察、善于观察,与学生有心与心的交流,同时也要从学生的情绪变化和学习、生活表现中了解学生的心理状况、思想动态及学生间的各种情况,以便对症下药,及时妥善处理。

青岛电子学校　王爱玲

锁门风波

纸上得来终觉浅,绝知此事要躬行。

——陆游

　　俗话说"万事开头难"。新生入学的第一个学期是各项行为习惯养成的重要时期,也是学习和遵守校规校纪的关键期。尤其是像我们这样一所中职师范学校,除了门类繁多的文化课程和技能技巧课程的学习外,还要尽快学习和遵守学校严格的校规校纪,了解学生管理量化规定,适应中职的住校生活。很多班主任都知道,第一个学期的工作很多是"吃力不讨好",很多学生都是家中的"小公主"和"小王子",为了全身心地投入到中考的复习中,家长几乎包办了所有的家务劳动和饮食起居,学生的自理能力差,缺少责任心,"如何帮助他们尽快地适应中职学校的量化管理"就成了急需解决的重要问题。

　　刚开学没多久,我们班就因为"4次外出上技能课(如舞蹈、钢琴等课程)没有锁教室前、后门"而被扣了12分量化,要知道这一下让我们班的班级量化成绩成为全校最后一名。于是,我在班里专门召开临时班会,强调外出锁门的重要性,希望加强他们的财产安全意识,还专门安排一名同学负责锁门。可是,收效甚微。有一天,我专门选了他们外出上钢琴课的时候去教室转转,看看有没有锁门。我才下楼梯口,就看到我们班敞开的大门,我顿时怒火中烧,真想冲到钢琴教室狠狠批评他们一顿。可是,理智告诉我这样做根本是无效功,不能让他们意识到事情的重要性。那要怎么办才能真正起到教育的作用呢?为何不来一场"假戏真做"呢?于是,我拿起一个干净的垃圾袋,把一些同学桌子上的文具盒、手表,甚至个别同学大大咧咧的把钱包也放在桌子上,我一并清扫,制造了一个假的作案现场,然后提着"战利品"回到办公室。

"不好了老师,咱们赶紧报警吧。"一下课班长就像风一样冲进了我的办公室。我假装不知道地问她:"怎么了?发生了什么事儿?为什么还要报警?别着急慢慢说。""老师,不好啦!咱们班同学丢东西了!钱包、文具盒、手表都不见了。咱们快报警吧。""怎么会这样?上一节咱们上什么课呀?""钢琴课!老师,咱们去上钢琴课,可是忘了关门了,所以东西丢了。"说到这时,班长低下了头。"走,咱们到班里看看。"来到班里,看见大家面色凝重地坐在自己的位子上,还有几个学生窃窃私语,一看到我走进来都安静地看向我。我厉声问道:"怎么回事儿?谁丢东西了,都丢了什么?"经过统计,一共丢了两个文具袋、一块手表、两个钱包。"这件事情很严重。我们要弄清楚这件事情的前因后果。谁能说一说咱班怎么会丢东西呢?""老师,我们刚刚上钢琴课,走的时候好像没有锁门,小偷进来了。"班长回答道。"班里不是有负责锁门的同学吗?为什么没有锁门?""老师,对不起!我今天着急去上钢琴课,想多练会儿琴。可班里还有很多同学没有收拾好。我当时看到小华还没有走,我就让他帮我锁下门。"负责锁门的小李同学怯怯地回答到。"小华,那你走的时候锁门了没有?""我忘了。可是我走的时候班里还有人。小杨同学在。""小杨同学,你是最后一个走的吗?你锁门了吗?"我挨个问道。"我好像是最后一个,但是,我手里拿着画板和钢琴书,不方便锁门,也觉得不可能有小偷的,我就走了。"事情的经过弄清楚了,我接着又说:"丢东西的同学自己估算下,你丢的东西大概多少钱?"经过统计,总共约500元左右。我看向全班同学,说:"大家说这次怎么办,这么多东西丢了谁来负责,为什么会丢东西,怎样能避免下次不丢东西?"我提出一连串的问题,大家都沉默不语,尤其是负责锁门和最后一名离开教室的同学更是低着头、不说话。"老师，是我没负起责任，是我不对，可是这丢的东西的钱太多了，我也赔不了，怎么办？"班长带着哭腔说完。负责锁门的同学也知道失职了，可是500元对于他们来说不是个小数目，都很为难。这个结果肯定会让他们牢牢记住要锁门这件事情。于是，我从锁门这件事延伸到安全意识、责任意识、规则意识，告诉他们一件小事看似虽小，但是可能因为我们的疏忽酿成难以估量的损失，再联系未来我们的职业要求，更要时刻树立安全意识，把教师责任谨记于心。最后，我告诉大家"案件"我已侦破，损失及时挽回。

通过这场"锁门风波"，我们全班上了一堂难忘的规则意识、安全意识和责任意识的养成课。

【教师感悟】

严厉的说教或者重复的说教往往不能达到教育的目的，循循善诱，适当地进行情景教育或者积极的情感体验更能让学生接受，最终实现教育目标。

青岛幼儿师范学校　李文毅

丢失的眼镜

爱是教育的生命。教师的爱心不仅能绿化孩子心灵的荒漠，还能有一份淡淡真情的回报。

——题记

"我们都在努力奔跑，我们都是追梦人。"习近平主席这句话让无数追梦人充满豪情。三尺讲台，舞台虽小，但我手捧师爱，憧憬明天；一间教室，视野虽短，但我热爱学生，无悔青春。作为新时代教师，在教育的广阔舞台上，我不断激励自己爱学生，光有热情还不够，更要用敏锐的目光去发现他们的点滴进步，用千万份的耐心和爱心去期待、陪伴与等待⋯⋯

2018年的夏天，这是我第一次当班主任。遇到44个可爱的孩子，我是那么的兴奋。在学校体检时初次遇到她们，我热情地跟他们打招呼："哈喽，孩子们，我是你们的班主任。"话音一落，竟无人回应，一时间我显得特别尴尬。再后来学校军训时，我陪他们一起站军姿、学正步、一起参加文艺汇演。短短7天过去了，总感觉对我的付出，这些花一样的姑娘完全没有回应。直到那一天……

　　文艺汇演时，坐在我旁边的高个子女生小杨引起了我的注意，她显得非常不开心，低着头对我说："老师，刚才洗澡的时候我的眼镜丢了。""啊，眼镜丢了，怎么丢的？去找了吗？"

　　"我洗澡的时候放到暖气片上了，然后出来的时候就没有了。"

　　"为什么这么不小心，眼镜能放到公共区域吗？没有眼镜能行吗？"

　　"不行，老师，我看不清。"

　　"那你说怎么办啊？"

　　"老师，我家里还有一副眼镜，要不让爸爸给送过来吧？"

　　"那赶紧给家长打电话"。于是我拨通了家长的电话，告知了家长具体情况后便坐下来继续陪孩子们观看演出。但此时坐在我旁边的小杨显得更加焦躁不安。我心里同样失落万分，后悔刚才自己的抱怨。我起身拉起小杨的手，决定亲自去趟浴室。来到浴室，我发现里面雾气腾腾，什么也看不清。学生丢眼镜的暖气片就在换衣服的公共区域。我猜想着眼镜不可能被偷了，那么它到底在哪儿呢？依据小杨的描述，她把整个浴室都找遍了呀。我决定再重新找一遍，当我找到暖气片时往缝隙里一看，眼镜不就躺在那儿吗？我兴奋地说："找到了，找到了。"小杨脸上也露出喜悦："老师，您太厉害了。"那么现在问题是怎么把眼镜取出来，我灵机一动说："找个衣架吧。"衣架伸进去，眼镜就被钓上来了。手捧眼镜，小杨兴奋地给爸爸打电话。看着她说话时开心的样子，我居然有了一丝成就感，也在心里默默告诉自己，原来只要用心问题就能解决。再后来，我发现班里学生渐渐喜欢上了我，无意间我听他们私底下都叫我侦探赵、赵妈妈……

【教师感悟】

爱是教育成功的基石，但关心、爱护学生并不容易。有时，教师的一句话、一个动作，甚至一个眼神，尽管不是十分刻意的，却能在师生之间隔起一道心灵的屏障。方法得当，一句暖心的话语，也可以影响一生；一个关怀的眼神，也有无尽的力量；一声祝福和问候，也是浇灌的开始。一位哲人说："心在哪里，哪里就有宝库。"播种爱心，收获爱心。一颗爱心滋育千万颗爱心，一朵云推动另一朵云，一个灵魂唤醒另一个灵魂。我坚信教育的春天会更加美好，因为这里阳光普照。

青岛幼儿师范学校　赵如

孩子，请不要哭

《礼记·中庸》中说："凡事预则立，不预则废；言前定则不乱，事前定则不困，行前定则不疚，道前定则不穷。"在组织班级活动之前要有充分的准备，否则就会遇到诸多问题。万一真的遇到了问题，我们必须要及时想办法来弥补。总之要授学生"以渔"。

——题记

当老师这么多年了，每当听说哪位老师把学生说哭了或者训哭了，我都羡慕得不得了、崇拜得不得了：羡慕这位老师的水平，崇拜这位老师的魄力。可是当我真正面对这个在我面前眼泪鼻涕一大把的男孩时，我却没有丝毫的兴奋之情！

故事还得从11月3日那个北风乍起的星期六说起……

11月3日，是我班团支部到社区开展志愿者服务的日子。因学校有监考任务，作为班主任，我没有随学生一起参加这次志愿者活动。尽管在周五下午千叮咛万嘱咐并做了明确分工，可我的心里总是不踏实。因为考场被屏蔽，一上午没有接到学生的电话，也没有短信，我只有焦急地等待。中午休息时，我才确切掌握了学生活动的第一手资料。

可是，当我打开照相机，想看看大家的劳动场景时，却赫然发现里面除了一张合影外，竟然没有同学们劳动的身影！我顿时急了，事先是安排专人负责照相的，而今却空空不见人影：同学们两个多小时的劳动呢？手上磨起的水泡呢？汗湿的灰头灰脸的笑容呢？情急之下，我一个电话吼进了负责照相的阿毅的耳朵。电话那头，嗫嚅之声传来：开始，相机被女同学要去了，后来干起活来，就忘了照相；大家觉得劳动就是劳动，没必要拍照啊！多么诚实，多么能干，多么单纯，而现今有多少人为了邀功而电脑合成自己劳动的照片呢？我也不知道自己的思绪为何跳跃这么快，只是觉得自己特遗憾！

周一课间，阿毅那小子还未等见我，就已经躲得远远的了。

明明分工明确、责任到人，却又没有完成，到底是什么原因呢？静下心来思考再三，我觉得很有必要召开班会，讨论一下关于"如何把事情做好"的问题。

于是，这次主题班会我做了如下要求。

【一】情景剧场：评选"优秀义工团队"。

评选要求：

1. 评审团：根据上报资料仔细审核评选，最后陈述理由。

2. 申报小组（2个，分别是两次义工活动的成员），需提供以下资料：① 文字资料（现场陈述经历）；② 其他资料（图片、视频等）。

评选结果：第一小组获胜。评审团给出的理由很简单，两个小组成员的现场陈述都很精彩，但第一小组提供的照片资料详实、形象，很有说服力；而第二小组（11月3日活动的小组）几乎没有。

在这虚拟的场景中，阿毅和其他人员始终想提供更多的资料，可最终也无能为力。在我和评审团成员评析时，我发现阿毅满脸通红，情绪波动很大。毕竟第二小组参加义工活动的人数少，但干活的时间长，活多又累。所以，面对这一评选结果，大家都感到很冤。可是"冤"在何处呢？

【二】现场讨论：结合评选结果，分析讨论"如何才能把事情做好？"

经过讨论总结三大条件：

1. 悉心准备，激情满怀——备战意识

2. 分工明确，各尽其责——责任意识

3. 留存资料，佐证说明——档案意识

在这一环节的讨论中，同学们达成共识：放眼现今，无论是在学校还是社会，无论做什么事，都要讲成效业绩，尤其是在评定的时候，还要有详实的第一手资料，文字、图片、视频等越多越好。所以事前准备有激情，是前提；分工明确责任到人，是过程；积累资料保有佐证，是收获。唯有如此，事情才算圆满，要不然怎会有说服力？好比打官司，证据很重要。

班会到此并未结束，我趁热打铁，又将问题拓展到班级的其他领域。

【三】延伸思考：班级中有哪些事你觉得还没有做好？

请逐一说明：我们该怎样做才能最好？

这一问题引起了全体同学的认真思考：卫生、纪律、出勤、学习等方方面面，全都成为热门话题，讨论相当热烈。同学们的责任心之强烈，是我没有想到的。

班会之后，打扫卫生之际，我把阿毅叫到一边，想彻底谈谈。结果，还未等开口，刚刚站在我面前的这个大男孩就哭得稀里哗啦："老师，我错了，我没有把您交代的事情做好。"这一幕不在我的预想范围之内，想要说的话我一句也说不出来。我只想说：孩子请不要哭，因为你是好样的！

【教师感悟】

著名教育改革家魏书生说："班主任是干什么的？班主任就是教会学生学会做事的。"若是活动之前，我能非常明确地向阿毅申明他要完成的任务及意义，我想阿毅会非常重视并有效完成。幸而，我及时召开了这场主题班会，解决了我想解决的问题，及时弥补了因考虑不周而带来的缺憾，收获了我意想不到的效果。"授之以鱼"不如"授之以渔"，交给学生做事的方法最重要。

青岛电子学校　张俊霞

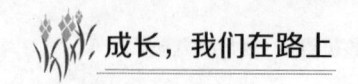

借机而为

> 前苏联教育家苏霍姆林斯基《给教师的建议》中提到:"让学生体验到一种自己在亲身参与掌握知识的情感,乃是唤起少年特有的对知识的兴趣的重要条件。"
>
> ——题记

毫无疑问,学习本身就是一件长期、枯燥而又有欢乐的事情,对于学习基础薄弱的职业学校学生来说,他们从学习中体会到更多的可能就是枯燥了。作为班主任,不忍心让他们继续难受下去,但是如何让他们重拾信心,如何让他们体会到学习的快乐呢?

刘同学就是一个典型的不爱学习的同学,成绩中等偏下,上课听课不认真,经常发呆,不做笔记,不写作业,对将来没有打算,对梦想没有追求,简直就是一个无所事事、无所追求、无所谓的"三无"人员。

对于这类学生,任课老师们大多都束手无策,对于刘同学也是如此。但是后来发生了一次意外,我觉得机会来了。

高一第二学期期末考试的时候,他考试夹带小抄,被监考老师抓个正着,而且态度蛮横。监考老师把他送到我面前,让我严肃处理。气愤之余,我觉得这也是一次敲打他、扭转他的机会。

他一直强调,自己夹带小抄不假,但是没抄上,不能算作弊。于是我跟他讲了学校考试规则,甚至高考规则,使他明白自己的行为已经构成作弊。而且,按照学校规定,情节严重的还要给予记过处分。

他一听记过处分,有点着急,连忙说:"老师,我爸想让我高中毕业后去当兵,你千万不能给我记过。求求你了,老师。"

"不行,错了就是错了,因为你态度蛮横,记过肯定是要给的。"我态度坚决地说,"但是你还有纠错的机会……"

他一听还有纠错的机会,就赶紧问我怎么做。我慢慢地说:"你需要改变,改进你的学习,改善你和老师同学的关系。如果表现良好,一年后就可以撤销对你的处分。"他立马向我保证一定要好好改。

这是一个很好的开始，但是我心里清楚，这种改变可不是说改就能改的，多年形成的习惯哪能这么容易改。在以后的学习生活中，我加强了对他的检查和督促，早自习我都是第一个检查他的各科作业，上其他课期间我经常在教室门窗外观察他的上课情况，有问题就及时反馈给他。晚上我们还经常微信沟通学习、生活中的一些事情，尽量引导他学习的态度和为人处世的方法。我还推荐他闲暇时看看电视剧《我是特种兵》，培养成为一名"兵王"的梦想，增强他对兵营的向往。

当然，这个过程中他还是偶尔会犯懒散的毛病，但是在我的提醒和督促下都有了一些改善。他的学习成绩明显上升，师生关系明显改善，更可喜的是他整个人的气质有了明显变化，挺拔、干练、说话干脆，还真有了一个兵的模样，他也很高兴自己有了这些变化。

【教师感悟】

作为班主任，面对学生出现的问题，要不急不躁，借机而为，即使是学生犯错，也可能转化为扭转学生的好机会。另外，班主任要平心静气，洞察时机，善于发现并抓住机会。

青岛电子学校　林嘉青

退一步海阔天空

教育不是争锋相对、不是学生屈服于老师，而是用真挚的情感和有效的方式到达心灵的深处，产生教育认同，形成共同的目标。

——题记

学生手机的管理是现在班级管理工作中令人较为"头疼"的事情。正确使用手机可以帮助学生提高学习效率，达到事半功倍的效果。但是，青春期的孩子自制力较差，容易分散学习注意力，浪费时间在大量无用的信息浏览和游戏上，以致荒废青春。

一天，我在班级门口巡视，从后门一看，小张同学拿着手机在桌洞里玩游戏呢！当时，我一下就怒火冲天，心想：马上都要期末考试了，这孩子怎么这么不省心，等下课，我一定好好"收拾收拾"他！于是，我气冲冲地站在班级门口等待下课，一定让大家也引起注意。下课后，我直接冲进教室，把他叫到门外，连发三问："小张，你刚刚上课干什么呢，你说？""你不知道要考试了吗？""你这样是糊弄谁？"小张被我问得哑口无言，涨红着脸。但是，他也不甘示弱地回我："我什么也没做，就是在下面看了一下时间。"我一听，这态度就是不知悔改，和我"扛"上了。我接着说："你还找借口，什么态度！我明明看到你在那玩游戏，你看看周围的同学都在干什么！你在干什么！"他狠狠地盯着我，接着说："你怎么知道我没学习？我学习的时候你看见了吗""管得真宽。""你这孩子，怎么了？老师管你不对吗？你这样等于荒废时间、浪费生命。"他听完小声嘟囔："小题大做。"我这气的要爆炸了，可理智告诉我，必须冷静下来，不能这样处理问题。这是在走廊上，如果和他这样正面冲突，非但教育不了他，可能还会使教育效果适得其反。而且，周围还有不少同学在围观，不利于问题的处理。这孩子今天的情绪也不稳定，平时不会有这样激烈的反应，我想是不是我把问题想得太简单了、处理得过于急躁了呢？那接下来怎么办呢？突然，我在走廊上往后退了一大步，开口说："小张，我现在退一步，请你明白我的意思，等你冷静下来了，我们再谈。"然后看向其他同学说："同学们，马上要上课了，回班做好下节课的准备。"随即我便离开了。

中午午休的时候，小张来到办公室找我，面色羞愧地说："老师，对不起，我今天上午说了谎，我是在那打游戏，可是当时走廊上不少同学在，我觉得这样很没面子，所以和您顶撞起来，您退了一步，我知道，您是让我自己冷静下，我知道我做得不对，请您原谅。"我听完，心里直冒冷气，幸亏我当时"退了一步"，没有正面起冲突，既保护了孩子的自尊，又让我们的教育有了"温度"，也让孩子和老师都有了一个思考的时间，高中的孩子是可以自己认识到自己的问题所在的。"小张，老师也有不对的地方，今天看到你玩手机太急躁了，希望你理解。但是我今天退一步就是想告诉你，遇到问题时给自己一个思考的时间，不要急于求成，更不能被坏情绪左右，退一步海阔天空，我们共勉！"

退一步，尊重了学生的人格，维系了师生的情谊，展现了教育的魅力。

在平等、和谐的师生交流中，获得学生的认可，教会学生成长更丰富的内涵。

【教师感悟】

班主任的工作千头万绪，往往在处理学生问题时总是会主观地想：我们是为了学生好，而忘了学生也是独立的个体，需要尊重和理解。给孩子一个反思和成长的时间，退一步海阔天空，静心等待花开。

青岛幼儿师范学校　李文毅

老师翻了你们的书包

"一根火柴不够一毛钱，一栋房子价值数百万，但是一根火柴可以轻易燃烧一栋房子。"放在我们的班主任工作中，学生的"小恶"就如同一根火柴，如果不能果断地将它扼杀在萌芽中，那学生"立德"的大厦必将面临威胁。

——题记

我带的上一届学生是高职升学班，班里学习氛围比较浓厚，经历了高一上学期一个学期的磨合，第二学期班里大部分学生和任课老师都熟络了起来，几个成绩优秀的学生每次都能提前完成作业，然后他们就偷偷跑到任课老师办公室把后面即将要做的作业"偷走"。看到他们能提前完成作业任务，越来越多的学生也这样做，甚至有个别同学在没和老师打招呼的情况下私自把桌子上的东西拿走。个别任课老师跟我说本来印好的试卷想给同学们检测一下的，结果让他们提前"泄密"了。我知道，这部分孩子是为了学习，初心真的不坏，但是这种行为真的不妥。怎么办呢？直接定义这部分学生是道德问题？还是把他们叫出来批评一顿？还是直接严肃处理？经过了几天的思考之后，我决定来一次现场教育。

一天体育课快结束时，我提前几分钟到了教室，同学们陆续进了教室。"同学们，我跟大家说个事，体育课你们不在教室的时候，我把大家的书包翻了一遍。"班里一下子有了异样的气氛，好多同学皱起了眉头，还有同学嘀咕："这是侵犯别人的隐私，老班怎么会是这样的人呢？"过了一分钟，教室里稍微安静了一会，我接着说，"其实我只翻了一位同学的书包。"又是一阵慌乱，大家都低头看自己桌洞里的书包，猜测被老师翻的是不是自己的书包。又过了两分钟，学生的情绪基本稳定，我又说："其实我在和大家做一个实验，我没有翻任何同学的书包，如果我私自翻看大家的书包，这不仅触犯了道德层面，甚至也有违法的嫌疑。你们刚才听说自己的书包被翻了，你们有什么感受？""非常紧张，不舒服。""老师不应该这样。""老师应该保护大家的隐私权。"

我接着说："大家说得很好，没有特殊情况或者是不经过允许，老师不该翻任何人的书包，换位思考，同学之间可不可以随意翻别人的东西呢？""不可以！"全班同学几乎异口同声。"己所不欲，勿施于人。如果老师不在办公室的时候，同学们可不可以随便去拿老师桌上的试卷、答案、翻东西呢？"我看到有好几个同学低下了头。

"别说随便拿走老师的资料了，就是你的作业本放在老师的办公桌上，如果老师不在，原则上大家也不应该私自拿走，如果确实需要，也应该给老师留个纸条，这是最起码的尊重。"大家都认真地点了点头。从那以后，此类事情再没发生过。

【教师感悟】

作为成长中的人，学生难免会出现这样那样的问题，甚至自己犯了错误竟然不自知。有时他们的出发点是好的，但是采取的行动却不一定恰当，所以这就要求我们老师要有一双会观察的眼睛，及时发现，及时帮他们纠正。

青岛电子学校　郑杰

第四章 增强危机意识 变危机为契机

你的心事我愿意听

> 信任是心灵的互通，建立起了学生对老师的信任，老师的示范作用才能在学生中活化，才更易于接受老师的教育。
>
> ——题记

这是发生在多年以前的事了，但每每想起，心中总会有些抚不平的褶皱，也在时刻提醒我作为一名班主任要小心呵护学生还不够成熟的心灵。

那一年我中途接了一个比较乱的班。接班第三天就听学生说卫生班长小涛跟隔壁班一个女孩谈恋爱，女孩好像得了不治之症，两个人放学后就一块抱头痛哭，想一块跳楼殉情呢。我感到事情严重，放学后就把小涛叫到了我办公室想跟他好好谈谈。他说看我这个老师还不错，就跟我说实话吧，他是跟那个女孩好，自己想退学。刚谈了一会，学生处要开会，我就让小涛等我一会。在学生处开完会，主任就问我上任三天班里的情况如何。我简单说了一下对小涛的担忧并告诉他我正在处理。当我回到办公室时，小涛已经到外面吃饭了。那时学生都没有手机，于是我想明天再跟他谈。

第二天早上我一进教室，学生都用异样的眼光看我，还不时看黑板。我往黑板上一看，上面赫然写着我的名字，下面一句是"你这样装有意思吗？"落款是小涛的名字。工作这么多年，我从未受过这样的屈辱，我强压怒火问小涛去哪了？学生说他在宿舍。在赶往宿舍的路上，我一个劲地告诉自己肯定是哪里出差错了，一定要冷静。我推开宿舍的门，小涛正在没好气地收拾着自己的东西。我尽量平静地问他："小涛，你怎么了？"他像一头暴怒的狮子一样爆发了，他把手里的东西往地上一摔说："你去学生处接着告我吧，说我骂你，反正我要退学了，在我面前还装什么关心，背地里告我状！"他还说了很多，我什么都没说，等他发泄完，我用很慢的速度跟他说："小涛，请你先别走，让我到学生处把事情弄清楚，如果是我错了，我会在全班面前跟你道歉，那岂不是更有面子？"他有些惊讶，但是还是狠狠地说："好，我等着！"我让他先去班里等我，因为如果我要跟他道歉的话，在全班同学面前更有面子。我来到学生处，原来主任出于对我工作的支持，昨天晚上他值班，想做做小涛的工作，谁知刚提到他和那个女孩的事，小涛就疯了，摔门而去，还把主任气的够呛。

我明白了，小涛不能容忍的是我把他们"美好爱情"这个秘密随意告诉了别人。出于信任他跟我谈，没想到我这样泄露了他的隐私。我先把小涛叫到我办公室，把昨天下午的事情原原本本地告诉了他，并告诉他我真的想帮助他和那个女孩，退学对于他们来说解决不了任何问题。给我两个月的时间，如果对我还不满意，再退学也不迟。后来，在全班面前为我无意中给小涛造成的伤害向小涛道了歉。接下来我找到了隔壁班的女孩，她很憔悴。原来女孩低烧好几天了，去附近诊所看，医生说让她去大医院好好查查，别是白血病。两个孩子也没去大医院检查，就记住了白血病这句话，两个人就害怕了。我当即带着女孩来到医院，经过各项化验检查，没有大问题，就是炎症引起的低烧不退。多日来在他们头上的阴霾散去了，我也终于从小涛的脸上看到了久违的笑容。他愧疚地向我说了声"对不起"和"谢谢"。小涛再没有提退学的事，一直平稳地走到了毕业，而且跟我的关系也比较和谐。

【教师感悟】

中职学生是特别敏感的群体，他们的自尊心是他们内心世界中敏感的一个角落，保护它，发展它，可以产生巨大的精神力量。如果老师伤害了他们的自尊心，他们对教师的这种信任就很容易消失。对于成人来说这不算什么事情，对于他们来说可能就是天大的事。所以，我们要深入了解这个年龄段的孩子，小心呵护他们的自尊心，保持师生间的这种彼此信任。

青岛电子学校　王爱玲

第四章 增强危机意识 变危机为契机

因事而化，引领学生走出困境

习近平总书记指出："做好高校思想政治工作，要因事而化、因时而进、因势而新。"作为中职老师，在日常的教育中，我们更应该及时把握学生的思想动态，积极回应学生的思想问题，顺势而为，用榜样的力量来指引学生走出困境，让学生在成长过程中能够正确归纳，经受住磨炼，走向成功。

——题记

一年一度的学校篮球赛来了，同学们兴奋极了。大家组了队，进行了认真准备和训练，还购买了统一的队服。正式比赛时，开始的两轮还比较顺利，但是第三轮却遇到了强劲的对手，比分胶着上升，结果下半场体力不支，被对方的压哨三分反超，输掉了比赛。

看着对方班级同学热烈地庆祝，同学们的情绪低落到了极点，在回班的路上终于爆发了。有的说对方犯规太多，小动作太多；有的说裁判不公平，看见了也不吹；有的甚至还说看到对方班主任赛前和裁判打招呼。最后有的同学气的把队服脱下来狠狠地摔到了地上。

我把队员们集中起来，让班委给同学们拿毛巾、递矿泉水和巧克力，播放了一些轻柔的音乐。同学们停止了抱怨，安静了下来，看得出来他们确实累了。这时候我首先询问他们有没有受伤，有的同学把手伸过来，确实有被指甲划破的地方，好在伤口不大，班委给他们抹碘伏消毒。接下来我对他们逐一进行了点评，赞扬了他们的表现。胜败乃兵家常事，我们学校组织活动的目的就是为了让大家锻炼好身体，所以我们应该本着"友谊第一，比赛第二"的原则，尊重我们的对手班级。今天大家都累了，晚自习我给大家请了假，大家好好休息一下，静下心来想一想咱们失败除了对方的问题，我们自己身上有什么问题？明天我们再讨论。会后我马上找到了对方班的班主任，针对同学们的情绪进行了沟通，我们达成共识，共同做好学生思想工作，不要起冲突。

我国著名教育家徐特立说:"说服的方法不是由教师片面地注入,而是双方的讨论和研究。"我召开了班会——篮球赛分析会。首先让篮球队的同学分析,经过一晚上的冷静,队员们说我们最后的体力不行,实在打不动了。作为观众的同学,也提出了一点意见,就是我们暂停用的好像不合理,没有在对方气势最盛的时候暂停一下缓一缓。这时候,一个青年走上讲台,对他们说:"失败并不可怕,重要的是我们能找到失败的真正原因,并努力去克服。"接下来,他在大屏幕上播放了昨天比赛的视频,引领大家分析我们的跑位、战术上的一些问题,还带领大家观看了CBA和NBA的典型比赛案例。最后我向大家介绍这位青年是我已经毕业的学生,以前校篮球队的主力成员,现在在大学中也是篮球队的核心。这时候大家纷纷点头,眼睛里也充满了崇拜的光芒,好像又找到了前进的方向。

会后,队员们和大哥哥一起就体能和战术制定了后面训练的计划,并到操场上进行了训练。大家又恢复了往日的干劲,期待着下一次的比赛。功夫不负有心人,在接下来的比赛中,同学们一路过关斩将,取得了第二名的好成绩。

【教师感悟】

苏霍姆林斯基说过,教育的艺术就在于对学生的内心世界要了解得尽可能深一些,这是教育至关重要的事情。在班级的日常管理中,教师应运用心理学相关知识把握学生的思想动态,安抚学生情绪,因势利导,使之向更好的方向发展,然后再进行教育,就会取得事半功倍的效果。

青岛电子学校　周瑛

都是篮球惹的祸

诗人顾城写到:"黑夜给了我黑色的眼睛,我却用他来寻找光明。"我常用这句话鼓励自己不要害怕学生犯错误,因为这是最佳的教育契机。

——题记

第四章 增强危机意识 变危机为契机

凯因为小时候的一次高烧，导致左耳听力受损，需要常年佩戴助听器，但是凯长得高大帅气，篮球打得好，因此在班上很受欢迎。明是班级的体育委员，也是篮球运动爱好者，但是明的性格比较冲动，对一些事情的处理有时候不太理智。有一次体育课，凯和明一起打篮球，因为传球问题，两人一言不合就大打出手，幸亏旁边的同学及时阻拦，才没有出现更糟糕的情况。下课之后两人悻悻而归，回到班里后，明越想越生气，竟然把自己的杯子摔在地上，水撒了一地，嘴上叫嚷着："聋子就不应该打球！"此话一出，凯也怒了，抡起拳头朝着明打来，两人在教室里又打成一团，几个男生把他们拉开，女生早已吓得瑟瑟发抖，班长跑到办公室找我，三言两语跟我汇报了一下情况，我虽然很生气，但还是努力理清了处理思路。

当我铁青着脸站在教室门口的时候，我发现凯和明两个人低着头，涨红着脸，已经站在了教室后面。我把他们叫出来，问道："为什么在后面站着？"明说："我们俩打架了。"我接着问："为什么打架？"明就把体育课打篮球传球的事说了一遍，我问凯："明说的是事实吗？"凯很显然还在生气的状态，一声不吭，不准备回答我的问题，我接着说："凯，你来说，你们为什么打架？"这时凯抬头看着我，眼睛里竟然盈满了泪水，哭着说："老师，传球是我没听清楚凯的话，传错了，可回到教室，他骂我是聋子！"说完泪水止不住地流下来。我终于弄明白了事情的来龙去脉，如果说体育课两人打架，那可以理解为青春期男生之间情急之下的冲动，但是回到教室再次打架，这就是嘲笑别人的缺陷，是品德问题，必须严肃教育。

我让凯先回教室，明像是明白了什么似的，不再言语，低着头看着自己的脚，我说："明，人无完人，我们的身体或许都有某种缺陷，性格都有缺点，如果今天我们嘲笑别人的缺陷，那明天别人也有可能来嘲笑我们，只有尊重别人，我们才会获得尊重。凯从小耳朵就不好，每天都要佩戴助听器，他得有多痛苦，作为同学，你应该帮助和关心他，而不是说他是聋子，这是对他的侮辱，也是对你的侮辱。"明抬起头，说："老师，我错了，一时冲动说了不该说的话，我应该向凯道歉，以后我会和他好好相处，帮助他，今天的事情以后不会再发生了。"我把凯和明叫在一起，明主动道歉，真诚而友好，凯在冷静下来之后也觉得自己有点敏感冲动，也向明道歉，两人真诚的目光相对，笑了。

放学后我把凯叫到办公室，对他说："凯，今天的事情已经过去了，但

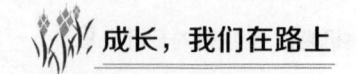

老师希望你能努力奋斗，不论在学习上还是在内心世界都不断强大自己，无畏别人的目光和言语。"凯深深地点了点头，说："老师，谢谢您，我会努力的。"

【教师感悟】

　　教育学生，尤其教育学生拥有高尚的品德，是一个老师重要的责任，学生的个性千差万别，冲突和摩擦在所难免，老师只要善于观察，每天都能找到生动的素材带领同学领悟高尚的意义。

青岛电子学校　　胡雨雨

教育无痕，让学生远离早恋

　　　　不是锤的打击，而是水的载歌载舞使鹅卵石臻于完美。

——题记

　　高一刚开学，我就发现我们班小军同学和晓丽同学的关系过于密切，直觉告诉我：他们早恋了。经过了解，我吓了一跳，原来两人在初中的时候就交往密切、书信不断。老师、家长曾多次找过他们谈话，他们虽然当面答应得很好，可依然来往密切。初中时他们虽然不在一个班，但只要一有机会两人就凑在一起，甚至有几次还半夜起来偷偷约会。父母的打骂、老师的劝说都无济于事，几乎所有人都对他们失去了信心。现如今，他俩又恰巧分到了一个班，两人心里欢喜，却给我出了个大难题。

　　陷入沉思的那天晚上，我忽然想起了罗密欧与朱丽叶的爱情故事。我想：他们正处于青春期，思想情绪波动很大，如果我再重复"禁"的老路，结果可能会自讨没趣，说不定还会生出什么事来。我干脆让他们做同桌，自己趟趟这条河的深浅。

　　于是，在两人的惊喜和同学们的惊讶中，我像什么也不知道似的把两人安排成了同桌，开始实施我的计划。刚开始，他们确实非常亲密，我只是经常在班会课时讲早恋的危害以旁敲侧击，但从没有刻意批评过他们。我就像一位慈母惬意地站在河边，欣赏着在河里嬉闹的两个孩子。

在我的静观其变、有效监控下，事情开始朝我预期的方向发展。一个多月后的一天中午，小军找到我说要调位置。我心中暗喜，知道冒险计划就要成功了，但仍装作吃惊地问："怎么了？你不是和晓丽同学很合得来吗？"他满脸通红，不好意思地说："原来我看她什么都好，可自从我们做同桌，我发现我们之间不合的地方越来越多，我们近来经常闹别扭。老师，请把我们调开吧，我们都知道以前做得不对，想法太幼稚了。"我笑着说："这可是你们自己的决定啊，不要反悔呀！就当咬了一口青涩的果子，自己知道吐掉也很好。学习是你们的任务，凭自己的努力去取得优异的成绩，为美好的未来奠定坚实的基础吧！"事情就这样轻松解决了。

【教师感悟】

对于学生成长中的许多问题，我们没有必要过于担心、焦虑，动辄就苦口婆心地进行批评教育。即使是面对学生的早恋问题，也不必担惊受怕。因为早恋并不是新鲜事物，只是青少年身心发育的正常反应而已。其实早恋并不可怕，可怕的是当我们面对学生早恋的时候，常常不能站在学生的角度冷静思考，总是大呼小叫、围追堵截，想一棍子打死。其结果经常是事与愿违，有时甚至会酿成悲剧。

青岛电子学校　赵琳

一次即兴班会

美国著名心理学家布鲁纳说过："学习者不应该是信息的被动接受者，而应该是知识获取过程的主动参与者。"身兼班主任和本班任课老师双重身份，如何营造班级积极的学习氛围，激发同学们的学习兴趣，帮助学生主动获取知识，是我一直在思考的问题。

——题记

周五下午是我们班的专业课。因为临近周末，每周五尤其是下午学生开始变得浮躁，很多学生已无心学习，心思早提前放假过周末去了。所以，对于任课老师来说，周五下午上一堂高效、完整的课异常艰难。

课前我已经把课件打开放到屏幕上，按照教学计划，今天该讲计算机网络模型这一内容。起立、坐定，作为知识回顾我先提问了几个问题，让同学们思考回答。在留给学生思考的时间里，我仔细观察着全班40多名学生的状态，有的在桌洞里翻找教材，有的摆弄着手中的笔，有的交头接耳继续着课前的聊天，有的还没从午休的朦胧睡意中清醒过来，只有前排几个同学低头若有所思，像在思考问题。等我叫起几个同学，有的不知道我提问的什么，有的直接说不会，有的答非所问。整个过程让我火冒三丈，再加上本周已有几个任课老师跟我反映近期班级上课纪律不太好，我对他们更是有种恨铁不成钢的愤懑。

我压抑着心中的怒火，当即决定暂停今天的授课内容，就近期同学们的学习状态开一次班会。我关掉课件，在黑板上写下"不忘_____，牢记_____"。然后我转身请同学们先帮我填上空。此时同学们都已经从刚才的紧张气氛中清醒过来，端正坐好，接着纷纷回答"不忘初心，牢记使命"。然后我说："很多同学可能觉得这句话是在国家层面，离自己很遥远，那今天我们就从我们自身说起。大家先说说你报我们这一专业的初心是什么？"

有的同学起来回答："我没有考上普高，所以来到了这里"。有的说"是我爸妈帮我报的志愿"。有的说"我来这里只是混个文凭"。有的说"我喜欢玩计算机，所以报考了这个专业"。有的同学说"我想参加春考，想跟我那些考上普高的初中同学一样上本科"。答案五花八门。

"首先感谢同学们的分享，通过对大家入学以来各方面的观察和了解，我感觉我们班每一位同学都是有上进心的，希望自己有个美好的未来，只是现在大家刚升入高中不久，可能对自己的人生目标还不是很明确。现在不管你是主动还是被动选择来到这里的，俗话说'既来之，则安之'，每一位同学都应该重新为自己确定一个目标，都应该静下心来想一想接下来的三年高中生活该如何度过？"

"那么老师，你的初心是什么？"一位平常比较调皮的学生突然问道。顿时，所有同学安静下来，好像在等着看我如何批评这位"插嘴"的同学，又好像都在等我的答案。我也瞬间感觉到应该与学生进行一次平等的、心与心的交流。于是，我也敞开心扉说道："那我也跟大家说说我的初心。"我第一次跟同学们讲述了我的学习经历、工作经历以及班主任经历，特别向他们"炫耀"了一下我上届学生的优秀事迹。同学们听得津津有味。

接着我又向同学们介绍了选择担任本届高考班班主任的初衷。"我希望通过我近几年辅导高考班的经验，帮助班上更多的学生达成本科心愿，抓住继续深造的机会，成就更好的自己！"谈话中我发现同学们的眼睛里渐渐有了一种笃定和渴望。

"同时，这也是我的使命。那现在大家的使命是什么呢？"我抛出了第二个问题。同学们几乎异口同声："参加春考上本科！""很好，知己知彼，方能百战百胜！所以，我们首先要了解春季高考并清楚高考路上的艰难险阻，这样我们才能在三年后的高考中取得理想的成绩。"我向他们再次详细地介绍了春季高考的要求，并提出学习建议。

"现在我们有了明确的学习目标，那接下来大家如何去达成目标呢？"同学们争先恐后说出了自己今后的打算，遵守校规校纪、认真听讲、努力学习、按时完成作业，等等，我也感受到了一种努力向上的冲劲。

"今天大家说得非常好，我希望同学们时刻牢记自己的目标和打算，并努力为之奋斗，期待着大家能在春季高考中取得满意的成绩！"

此时，铃声响起，一节课就这样在大家的讨论声中结束了。

"喂，课前老师提的问题答案是什么？""Hi，这个数学题能再给我讲讲吗？"课下，同学们进入了另外一场讨论，这场景真美！

【教师感悟】

　　我不知道占用了上课时间来开这次即兴班会合不合适，但是这次班会后学生的表现确实比先前好了很多，也许这就是"磨刀不误砍柴工"吧。我认为教育不是事事都设定好的，所谓因时因事利导，我认为作为一名老师，应该是把握一切教育契机来教育引导学生，这样才能起到事半功倍的效果。

青岛电子学校　杨晶

成长，我们在路上

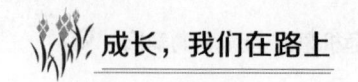

我是思政课班主任

习近平主席说：教师的工作是塑造灵魂、塑造生命、塑造人的工作。

——题记

作为一名教思政课的班主任，立德树人在每时每刻，在班级管理的点滴小事中。

小李是我班有名的"炒鞋"族，经常半夜排队买限量版鞋，曾经一次挣到过600元，他欣喜若狂，在班级大肆鼓吹，工作轻松而且挣钱迅速，他立志将来要专门从事炒鞋这一工作。后来班中竟有4名学生被他蛊惑，很快加入了他的团队。不久，班上就出现了多人上课睡觉、不交作业等现象，我急在心里。经过一番准备，我们召开了"慧眼看炒鞋"的主题班会，大家一起观看了中央电视台经济频道"炒鞋"系列报道与分析，之后全班学生展开了大讨论，同学们各抒己见。我特别请参与炒鞋的几位同学做了重点发言。小李说："我还真不知道，炒鞋变炒作了，怪不得这几个月一直不挣钱，还投入不少呢，真是上当受骗了。现在我也明白了，天上不能掉馅饼。挣钱还得靠知识，靠能力，靠多了解社会发展。我已下定决心，彻底放弃炒鞋，安心学习。"我顺势引导大家：家事国事天下事，事事关心。我们要了解社会，丰富自己的文化知识和生活阅历，为今后投身社会和个人更好的发展打好基础。从此班上没有了炒鞋族，课堂面貌有了很大改观。

小李很少参加值日，他要求卫生班长把他排在周五值日。因为每个周五下午都是大扫除，这时值日人员就会增多，他认为缺他一人大家看不出来。我看透了他的小心思，于是在思政课讲解履行义务、承担责任知识板块时，我采用了案例教学。我提出问题："班级有同学不值日，大家如何看待？"同学们展开了热烈讨论，大家都谴责这种不负责任的行为。我注意到小李低着头，很少发言。趁热打铁，我布置了作业：谈谈你对值日工作的认识，应如何履行值日义务，承担班级责任？小李在作业写到："我很惭愧，原来很少参加班级值日，有时还为老师和同学们没有发现而窃喜。其实大家心里都很明白，只是没有揭穿我罢了。今天下午的讨论让我意识到自己不值日真不好意思享受同学们的劳动成果，今天我在教室有点坐不住了，真的对不住大家。我是班级成员，应该承担班级责任，今后再不能这样了。"在给他的作业评语中我这样写到：相信你会在今后的劳动中承担班级责任，履行学生义务，将来实现人生价值，奉献整个社会。从此之后，值日生队伍中有了小李的身影，志愿者服务活动也有了他的笑声。

作为教思政课的班主任，我充分利用学科优势，将传授科学知识与育人有机结合起来，找准教材中知识教学与德育教育的"结合点"，适时适度适宜地进行渗透，不硬灌，不勉强，教育扎实有效。

【教师感悟】

身为思政课教师，不仅要教书，更要育人。发现学生问题通过思政的方法进行讨论，使同学更清楚地找到人生方向，不被外界所迷惑。

青岛电子学校　杨晓宁

我给学生"挖坑"

> 一个学生最重要的不是超越别人，而是不断地超越昨天的自己。教师要不断地启发引导学生，触动其心灵，调动其积极性，奋发有为，努力超越昨天的自己。
>
> ——题记

"啪"的一声，我重重地将书扔在讲桌上。

"又看小说！为什么老是上课的时候不听课！"面对三番五次重复犯错的刘同学，我终于按捺不住了。

"老师，我对数学真是不感兴趣，学也学不会。再说了，我看小说，不影响别人上课。"

面对刘同学的强词夺理，我一时语塞。

刘同学是个小说迷，什么题材的小说都能看进去，尤其爱看人物传记。只要给他一本小说，他的世界就安静了。但是，他就是不爱学习，特别是对数学不感冒。可是，对于中学生，对于高职班（高考班），学习才是最重要的，这个时候不学习，什么时候学？

看着窗外随风狂乱摆动的枝叶，我陷入了沉思……

对于读了那么多书的刘同学来说，为人的道理、学习的重要性，他应该都懂，但是我还需要再点一点他。

我给他布置了一个任务。在"知识改变命运"主题班会的一个环节中，我请他给同学们讲讲中国历史上三位用知识改变命运的名人。人物由他自选，配好课件。他很感兴趣。

主题班会上，他讲得还算精彩，讲了苏秦、匡衡、吕蒙，这三个人物确实具有代表性，也确实符合班会的主题。他讲完后，同学们给予热烈掌声，我也借机大加表扬，特别强调他的这份精彩演讲就是自己多读书、多学习换来的。

主题班会之后，我找他谈话，再次强调他讲得很好，并让他给我讲讲其他类似的人物。他讲得高兴，我听得认真。

这其中，我多次称赞这是他多读书的结果。最后，我话锋一转，问他是不是班会上讲学习重要性的时候底气不足？他没明白我的意思，直直地看着我。我"哈哈"一笑，开门见山地点明："因为你的成绩还不好。由一个成绩不太好的同学讲学习的重要性，是不是有一点名不副实啊？"先是掉进我这个"坏老师"挖的坑里，又被我这个"坏老师"挖苦了，他脸红了，沉默了。

"老师，我知道学习重要，但是，我的数学初中就不学了，现在更是不会。"好一会儿，他有点气鼓鼓地回了一句。

"知道问题在哪儿就好。在哪儿跌倒就在哪儿爬起来就是了，初中数学没学好，就从初中开始复习。你只有数学不好，其他科目还不错，只要你坚持，考本科还是很有希望的……"我语重心长地和他聊了很久，最后他也只能同意着手复习。

当天我又和他爸爸进行了电话沟通，建议家长给他找一个数学家教，帮助他复习。

在孩子的努力下，他的成绩一点点提升，虽然未必会有很高的分数，但是只要是进步,只要是今天比昨天好就行。

【教师感悟】
教师要让学生明白:超越别人很棒,超越昨天的自己也很棒。

青岛电子学校　林嘉青

不做学生的"差评师"

> 我一直在努力给学生带来正能量,不做学生的"差评师"。我经常对学生说:"我不会轻易给你们差评,但是我非常好奇……"
>
> ——题记

如今,大部分中职学校都有住宿学生,而对这部分住宿生的教育和管理难度尤其大。

"郑老师,刚才我发现你们班的张同学和杨同学在宿舍内吸烟,刚开始两人都不承认,态度也不好,教育了老半天总算是承认吸烟了。在宿舍内吸烟多危险啊,希望您明天好好教育教育他们。"因为这两个孩子平日里都很阳光,上课听讲比较认真,成绩在班上还不错,一向是我和任课老师眼中的好学生。所以我疑惑地问道:"您确信他们俩是我们班的张同学和杨同学?""就是他们,没错。"这是晚上接近十点钟时,我在家里接到的宿舍管理老师的电话。放下电话,我很吃惊,是我以前对他们的了解不够全面?我思索了一晚上也没想出一点眉目。

第二天一早我来到教室,看到他俩早已到了,各自坐在自己的座位上,努力避免与我有目光的接触,但是他们始终也没有主动来找我承认错误,就这样一直等到了早自习结束,他俩还是没有动静。我非常生气地把他们叫到了教室外面,我让他们自己说说是怎么回事,可他俩都迟迟不开口。在我即将发火时,两个男孩说他们吸烟并非故意,也并非上了烟瘾,只是感到好奇想尝试一下。听到他们这么说,我大脑在进行着紧张的思想斗争,该怎么处理呢?狠狠扣分?叫家长?让他俩在同学面前做检查?……我深呼吸,冷静了一下，决定不盲目地做学生的"差评师"。我对他俩表了态："在我眼里，你俩一直都是很优秀、很阳光的男生，我决不会因为这一件事就否定你们，老师希望今后能看到越来越优秀的你们。"因为要上第一节课，我让他们赶紧回教室，于是他们不好意思地走了。就在那一瞬间，张同学忽然折回来，轻声地对我说："老师，非常感谢您！其实，刚被宿管老师发现抽烟时，我俩非常害怕，害怕宿管老师告诉您，会惹您生气，所以当时我俩咬牙不肯承认，现在您这么信任我们，我们真知道自己错了，以后我们一定不会让您失望，您看我们的表现就行了。"在接下来的住校生活中，两个男孩再也没有出现类似的情况，还帮助劝说其他同学也不要吸烟，就这样一直走到了毕业。我很庆幸自己没有武断地批评他们，没有对他们的行为不假思索就给一个差评。

【教师感悟】

著名教育心理博士古诺特说过："教育的成功和失败，'我'是决定性因素，我个人采用的方法和每天的情绪是造成学习气氛和情境的主因。"所以作为班主任，在处理学生的突发状况时，我们要控制好自己的情绪，不要轻易做学生的"差评师"。

青岛电子学校　郑杰

别样学生的别样教育

我是谁？我要成为谁？

我在哪里？我要去哪里？

好的班主任，应该做学生人生航向的灯塔，点燃希望！

让学生做自己成长的"船长"。

——题记

前苏联教育家苏霍姆林斯基曾说过："教育技巧的全部奥秘在于如何爱学生"。作为一名班主任，我也一直坚信，在对人的影响上，爱的浇灌和人性的感召永远胜于其他形式。弗洛姆在《爱的艺术》中说:"爱是给予,给予内心有生命的东西"。而我理解的"爱"则是在育人过程中坚持让每个学生感受到最大的包容、理解和信任。

有一天,我正在做饭,电话铃响了。接起电话,那头传来了生活委员结结巴巴的声音:

"赵老师,我要向您承认错误……"

"怎么了?"

"宿舍又扣分了。有两名同学在宿舍吃泡面。"

"泡面?"

放下电话,我满肚子怒火,穿上衣服就急匆匆地出了家门。

在路上我想起最近班上纪律确实不太好,每次上课铃声一响,有人冲向厕所,有人说说笑笑、打打闹闹,教室里经常会传来尖叫声、嬉闹声,已经有好几位任课老师反映课前的"热闹"景象了。看来在这些孩子眼里早已把班主任的叮咛、班规校纪抛到九霄云外了。班级明文规定不可以在宿舍吃泡面等其他零食,这怎么还明知故犯呢?我总感觉正处在青春期的孩子年少轻狂,有自己的主见,喜欢和老师、父母对着干。这次我一定要加强教育,让他们懂得班规的意义。

来到学校,我阴沉着脸走进教室,孩子们都在安静地等着我,每张惊慌不定的脸上都写着不同的表情和心情。有的似乎在预测着我将带给他们怎样的一场暴风雨;有的似乎在期待着我原谅他们。说实话,我不想像什么也没发生一样原谅他们,更不想在没想好策略之前就轻易出手。我缓缓地地对全班说:"请今天宿舍扣分的同学到外面等我。"燕子和袁欣两名同学自觉地站起来,慢慢地挪出了教室。教室里沉闷的让人透不过气,可以看出孩子们很不适应这种气氛,始终小心翼翼的,生怕再发生什么意外。

我故意冷落站在教室外面犯错误的两个孩子。下课后,我走出教室板着脸问:"吃什么违禁了?""方便面。"我想着必须在这种氛围下给出最严厉的惩罚,做到杀一儆百。我故意提高嗓门吼了起来:"这样的错误也能犯?""老师,我不是故意的,请听我说……""闭嘴,先想想如何弥补错误,再讲理由!"此时火气上来的我显得语无伦次了,我冷静地握紧了拳头告诫自己一定不能失态,于是我长舒一口气冷冷地扔下一句"不可原谅"便径直走开了……

这件事情好像就这样过去了。有一天下班时我路过教室，发现燕子和袁欣又聚在一起吃泡面。我皱着眉头问："怎么又吃泡面了？"两个孩子拿着勺子的手僵在半空中，满脸通红。燕子低着头小声说："老师，我们的钱不够了。"我迟疑了一下，让她俩拿着泡面到我办公室。来到办公室请她们坐下，两个孩子显得特别局促，不好意思地说："老师，我们站着就行。"我紧紧地拉着她们的手说："孩子，有困难一定要及时跟老师说。"燕子低着头说："老师，上次我们不该在宿舍吃泡面，影响班级量化，您罚我们吧。"我说："能意识到这一点就行了。"我没有罚她们。后来在我耐心询问下，才知道原来燕子家境困难，一个星期父母只给40多元的生活费，这基本上每天一顿午餐的钱就会花光。原来是孩子有难言之隐，怪不得她的周记本是用白纸自制的，可那时我还嫌弃她做事不认真；难怪上次文艺委员让同学们租演出服，她显得那么紧张和不安，而当时同学们还跟我抱怨燕子同学没有一点集体观念。所有的埋怨和疑惑瞬间解开。而今天我若没有碰到她们吃泡面，那我昔日的武断和严厉差点就给事情画上了句号，给学生贴上了标签。

【教师感悟】

　　燕子这样的学生违纪没有恶劣动机，她能够认识到自己的错误。这种响鼓不用重锤，这种违纪不用上纲上线，应以宽容来对待。以别样的方式期待别样的学生，曲径通幽处，育人无痕！

青岛幼儿师范学校　赵如

团员投票风波

　　班主任是搞好班级管理工作的关键和核心，是班级管理工作的直接管理者和第一责任人，身兼多重角色，占据非凡地位。在班级管理中既要有一颗充满爱的心，也要有一双明察秋毫的眼睛。

——题记

　　作为班主任，尤其是职业学校的班主任，要管理好一个班级可不是件容易的事情。一个班四五十个学生，每天都会面临众多挑战，所以需要班主任不仅要细心、有爱心，还需要班主任老师明察秋毫，创新自己的工作方法。

我所带的 2013 级有个学生，姑且叫她小宋吧。在老师们的心目中，她德智体全面发展，学习成绩优异，热爱班集体，对于班级工作负责认真，是老师的好帮手。在班级推选优秀学生入团时，为了充分发挥学生参与的积极性，激发学生争先创优的意识，我决定在班级进行投票，民主推选。但投票的结果让我大吃一惊，小宋以 6 票落选。

我感到诧异的同时，也非常想找出其中的原因。我找到其他当选同学了解情况，同学们七嘴八舌向我吐槽："老师，她经常抄别人的作业。""她当着老师的面很能干，背着老师她啥事都不管。""她考试经常作弊。"听到这些我感到很震惊，小宋一直是我心目中很优秀的孩子，她怎么会有这么多问题呢？有些问题我还需要进一步核实一下。关于抄袭作业，数学课代表向我解释说："她英语很好，不需要抄，但数学成绩差，所以她经常抄数学作业。"

我决定结合同学们反映的这些情况跟小宋好好谈谈。我首先肯定她工作认真负责，然后我问她班级事情会不会影响她的学习。小宋回答得很干脆，"当然不会呀，我要感谢老师给我锻炼的机会，让我不断提升自己的能力。"我又问到她在各科学习上有没有困难，也暗示她我听说了她抄袭作业的事情，小宋低下了头，主动承认了自己数学不好，有时会抄别人的作业。

我从抄袭作业延伸到考试作弊，帮她详细分析了它们的危害，以及这些行为在同学中造成的影响。同时我不断鼓励她："在老师的心目中，你是一个可塑性很强的学生，老师很看好你。这次团员虽然没有选上，但是让我们学到了很多东西，不断地发现问题、解决问题才能成长，我们还有机会，希望你继续努力，不要让老师们失望。"我感觉她真正听懂了我的话，也确实真心想改正，她很坚定地说："老师，我知道自己错在哪里了，请您相信我，我会用自己的行动来赢得大家的信任，争取早日入团，您看我的行动吧。"

这次谈话之后，小宋有了很大的改变，遇到不会的数学题时，她会虚心向老师或同学请教，再也没有出现过考试作弊和抄袭作业的现象。她和同学的相处也慢慢融洽起来。不出所料，在第二年民主投票推选团员的活动中，小宋高票当选，当我宣布她的得票数时，全班响起了热烈的掌声。

成长，我们在路上

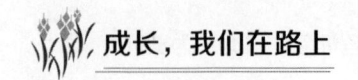

> **【教师感悟】**
>
> 　　学生自主意识与多重压力的并存使学生内心形成冲突，让他们感到郁闷、彷徨、孤独。教师之所以被称为人类灵魂的工程师，其重要原因之一就是教师在学生健全人格、美好心灵的形成过程中起着十分重要的作用。班主任潜移默化地影响学生的思想品德、情绪情感、意志品格、行为习惯的养成，而且，这种影响可能是终生的。
>
> 青岛电子学校　徐敬铭

这是一场不能输的战争

　　中学生沉溺于手机是一直让老师、家长头疼的问题，虽然多次批评教育，但手机游戏、网络短视频等仍然像磁石一样吸引着中学生。

　　诚然，手机在查阅资料方面有一定的便捷作用，但是手机放在中职生手里，这个作用发挥得微乎其微。当学生把手机带入学校、带入课堂，他怎么可能专心学习？上课偷看手机，课间讨论游戏，一些自控能力差的住校生同学甚至通宵达旦玩手机，严重影响身体和学习。

——题记

　　孙同学就是一个对手机特别迷恋的同学，上课经常玩手机，上机课经常玩游戏，多次被抓现行，但事后依然我行我素。这不，周三第二节的上机课他在玩游戏，又被我抓个现行。

　　在多次谈话无果之后，我决定约见家长。

　　来的是他的父亲。他父亲对他的管束一向比较松散，经常说的一句话就是："老师，孩子我管不了，就靠您了。"其实，对于家长管不了的孩子，班主任和任课老师的劝说教育多数也是苍白无力的。

　　和家长进行面谈之后，得知孩子不仅在学校偷着玩游戏，在家更是玩得到了完全放飞自我的境界。

"老师,我知道一直玩手机不好,但是我就是想玩,我也管不住自己。"面对我们的劝说,孙同学也很诚恳。

经过我和家长长时间的沟通和劝说,孙同学终于答应适当缩短玩游戏的时间。我们共同约定并制定了缩短游戏时间计划。孙同学同意上课时间不玩游戏,如若违反,手机交由老师暂管一周。在家限定游戏时间,第一周每天放学后玩游戏时间不超过两个小时,此后每周依次递减半小时,直至缩减到每天只玩半小时,如若违反,手机交由家长暂管一个周,并且电脑断网一个周。

计划的制定比较简单,但是执行很难,"病症"出现反复也很正常。这是一个循序渐进的过程,其中也出现过孙同学和家长吵闹的情况,也出现过他犯错拒不交出手机的情况,但是和家长沟通好之后,我们共同商定要始终坚守住计划内容。只要我们不退让、不投降,孩子就没有"战胜"我们的一天,而且让他有所顾忌本身就是我们的胜利。这是一场不能输的战争。

经过半个多学期的调整,孙同学对于手机和游戏的迷恋程度有所改善,自我控制能力有所加强。正所谓"十年树木,百年树人",中学生正是在成长中的小树苗,教育就是施肥、修剪、除虫等,及时、正确的教育才能达到积极的效果,小树苗才能茁壮成长。

【教师感悟】

正如陶行知先生所说:"培养教育人和种花木一样,首先要认识花木的特点,区别不同情况给以施肥、浇水和培养教育……"迷恋手机问题在不同的学生身上会有不同的表现,这就需要班主任和家长采取不同的策略,区别对待。

青岛电子学校　林嘉青

第五章 深耕情智教育 师生共同成长

成长，我们在路上

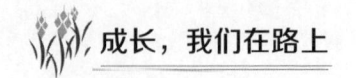

陪伴中，与学生一起成长

> 陪伴注重的是过程，一切教育结果都是陪伴的副产品。真正的教育，是不但在学习上鼓励、帮助学生们，更要在生活中给予他们关心、关爱，让他们知道，你身后有我！
>
> ——题记

调酒班的孩子踏上实习岗位已经一个多月了，每天看到他们在群里的交流，他们的音容笑貌仿佛就在眼前。回想两年前的8月份，得知要带调酒班，这个略带点"臭名昭著"的班级，那感觉就是：透心凉，冰冰凉。感谢资深调酒班班主任赵老师，她语重心长地对我讲了一个故事："同一个囚室，同一个窗口，乐观的人从这里看到了蓝天白云，而悲观者看到的却是高墙铁网。半年之后，后者因忧郁死在牢中，而前者却因积极的心态坚强活了下来，直至获救。"这故事虽小，但意义不小。它昭示着我们在特定的环境下，人们还有最后一种自由，就是选择自己的态度！我认真借鉴赵老师的一些方法，及时调整心态，在学生报道的第一天，接纳了他们，并且决定陪伴他们顺利完成高中学业。

曾经有一本书《最好的教育是陪伴：耶鲁女孩培养手记》很火。这本书告诉读者：每一位优秀孩子的成长都离不开与他们并肩前行的父母。这种并肩前行，就是陪伴，当然，这里说的陪伴是相互的，不仅互伴，更是互助。我和调酒班的孩子就是在这样一种互伴互助的陪伴中一路走来。

很庆幸大多数孩子也接纳了我，他们并不排斥我对他们的监督，我用一节班会的时间纠正了监督和陪伴是两个不同的概念，并且告诉孩子们陪伴只是鼓励不是批评，我也是这样做的。课堂表现好的、技能进步大的、懂事乖巧的学生，我随时在家长群表扬。真的感谢调酒班的家长，他们也在支持着我。曾经看到这样一段话，觉得很有道理：人的内心好比一座"能量场"，既隐藏着自信、豁达、进取等正能量，又暗含着自私、猜疑、消沉等负能量。这两种能量可以说是此消彼长的关系。因此，当正能量不断被激发时，负面情绪会逐渐被取代，我们的幸福感也会慢慢增加。我对调酒班的陪伴就是正能量取代负能量的过程。我跟他们一起上课，和他们一起学习，一起请教老师，给他们讲方法、讲思路，他们发现原来学习文化课并不是很痛苦，他们也会说初中如果这么努力，分数不至于那么低。我和孩子们一起到操场练花式，给他们照相、拍视频，大张旗鼓地表扬，也虚心地让他们教我，偶尔满足一下他们好为人师的小情绪。每天中午或者放学后，他们都会主动下去练习，什么游戏啊、手机啊，用他们自己的话说："游戏都玩了九年了，一起练花式可是第一次。"当然，他们特别喜欢我在场看他们练习，并且以教会老班为自豪，如果谁落后了，他们就会开玩笑地满脸鄙视说："这个动作老班都会，你不会？"陪伴中，与学生亦师亦友，尤其是他们鼓励我报名参加调酒师的比赛，给我制定自创方案，分工教我不同的花式，帮我准备原材料，给我递瓶子、递工具当助手，我说你们也好好练习，我就是陪着你们别紧张，他们摇摇头："大家一起过！"功夫不负有心人，我带着孩子们一起过关斩将，一起加油，一起享受比赛的紧张与历练，一起拿着合格证书开怀大笑……

毕业前夕，孩子们一起互赠礼物，我自言自语地说送给你们什么好呢？离我近的一个学生说："老班，你陪着我们这两年就是最好的礼物。"听到这句话我很感动，我有幸陪伴他们走过了这两年。

【教师感悟】

人们都说一个好的班主任就如同学生成长道路上的一盏灯。在我的教学生涯中，我愿用爱呵护学生的心灵，用心陪伴学生的成长，做那个在很多年之后，学生还会记得给他指明方向、照他远行的那盏最亮的灯！

青岛烹饪学校　李欣

成长，我们在路上

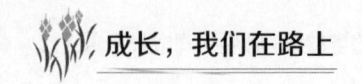

你一定能行

> 人之为事，必先立志以为本，志不立则不能为得事。
> ——朱熹

嘉锐是班上一个文静、沉稳的大男孩，说话温柔，办事沉稳，但是总感觉缺少自信，缺少一些学习的热情，生活和学习较被动，属于"你让他做什么，他就做什么"的"好好学生"的类型。表面上看，这样的学生不惹事也不闹事，是老师放心的孩子，可是透过现象看到本质，不难发现其实这样的学生不少是缺少对自己的正确认识，尤其缺少对未来职业生涯和人生发展的规划。看着这样一个"好"孩子，我该怎样引导他呢？怎样才能在他的人生道路上助他一臂之力？这是一件需要我认真思考的事情。

我先找他了解了一下初中的情况，又了解了一下他的家庭情况。得知他一家四口，还有个年长6岁的姐姐，爸爸、妈妈从小对他要求较严格，因为姐姐也是做幼师的，全家比较认可这个职业，再加上他初中的学习成绩对于考高中来说希望渺茫，所以父母也没问他的想法就报了我们学校，希望他将来有一个很好的发展。这样的情况在我们职业学校比比皆是，家长迫于现实的原因很少考虑孩子的想法，缺少和孩子的沟通、交流，直接替孩子进行选择，所以孩子到了学校以后对自己未来的发展比较模糊，缺少学习的直接动力和兴趣。那么作为班主任，我要做的就是要让他先认清自己的兴趣和爱好，认清自己的优势，找到自己未来的发展方向。经过进一步交流，我发现他其实挺喜欢口语的，语言的模仿能力很强，所以我先鼓励他担任口语课代表，激发他的学习兴趣，点燃他的学习热情，用特长促全面发展。就这样经过两年，他的进步越来越大，学习成绩一直在班里名列前茅，既是学校学生会生活部部长，又是校朗诵队一员，工作能力和组织能力得到了很好的提高和锻炼。

到了三年级的时候我又和他认真地谈了一次，因为这个时候正是他人生未来职业选择的关键时期，我问了他的意向，是想毕业之后就业还是想继续升学呢？他说："老师，如果大专毕业的话，我的学历在社会上还是有很大压力的，我想继续升学，但是我不知道能不能够成功。"听到这儿我特别欣慰，因为我知道他开始考虑自己的未来了，他知道未来的发展方向在哪里了，只是还缺少了一些信心和鼓励。通过他三年来的表现，能看出来他是一个特别能沉下心、全心全意投入学习的孩子，做什么事有头有尾，如果持之以恒地坚持下去肯定没问题。我鼓励他说："嘉锐，大胆去做吧，只要你能持之以恒，你肯定能成功的，你现在缺少的就是对自己的信心，加油吧。"我把曾经陪我考研的电子词典送给了他，告诉他别放弃，不要因为我们是职校的学生就失去信心，更要持之以恒、勇往直前。

即将毕业的最后一年，他全身心地投入到专升本的考试当中，虽然期间有很多迷茫，也有受挫的时候，但是我都会不断鼓励他，让他坚持下来，告诉他"你一定能行"。就这样，他以优异的成绩考入了本科学校。

【教师感悟】

"授人以鱼，不如授人以渔"。教师的工作就是引导学生认清自己、发现自己，找到适合自己的人生目标和职业理想，帮助他们更好地规划和实现自己的人生理想，这才是教书育人的最终目标。

青岛幼儿师范学校　李文毅

用爱撑起生命的风帆

法国教育家卢梭说："凡是教师缺乏爱的地方，无论品格还是智慧，都不能充分自由地发展，只有真心实意地爱学生，才能精雕细刻地塑造他们的灵魂。"作为一名班主任，在班级管理中，只有真诚地爱着学生，真切地关注学生的成长，才能赢得学生的尊敬和爱戴，学生才能在和谐的校园里健康成长。

——题记

阿军的入学成绩并不是最差的，但期中考试中，七门功课只有体育及格。开家长会时唯独缺少他的家长！是什么原因呢？"肯定没敢通知家长！"我气恼地断定。第二天质问阿军，他却一脸无奈与委屈地再三强调自己通知了。看上去他不像撒谎，究竟是怎么回事？这可是第一次家长会啊！

于是，我马上电话联系，接听的正好是阿军的母亲。在问明情况后，她这样回答我："张老师，我这孩子从小到现在学习都差，从没给我长过脸，每次家长会都抬不起头。不瞒您说，我也是教师，在同事面前更觉丢人。这孩子我不管了，也管不了，请老师多费心，以后家长会我也不去了！"

哀莫大于心死！这一番话使我充满希望的大脑顿遭冰水侵袭。对学生的关切之情使我冲动，通过长长的电话线，我和她争吵了起来："世上所有的人都可以看不起您的孩子，唯独做父母的不能！否则这孩子真的自暴自弃了。我作为老师都没有放弃，没想到您是家长却放弃了。您一个孩子管不了，那么我面对47个孩子，是否也不应管他了？除了学习，您的孩子在学校里可是个听话的好孩子啊！"在我的据理力争中，这位绝望的母亲终于答应重新关注孩子的学习。事后我曾自问：这么做究竟值不值？可当我面对学生时，心里又觉得特别坦然。

为了挽救阿军的学习，为了挽救所有类似情况的学习后进生，我决定采取行动。首先找学生谈话，指出他在学校中的守纪律、爱劳动、体育好的特点，并阐明家长和老师对他的希望，鼓励他把学习提上去。然后，针对所学科目，密切与任课老师联系，激励学生自出试卷，在最后几周召集学习后进同学集体补课，每天到五六点钟。特别是针对阿军，我定时检查。

就这样，一天天过去了，也许是我的决心与真情打动了他，阿军终于安心坐下来学习了。不仅如此，就连其他学习好的同学也自动留下复习功课，浓厚的学习氛围开始蔓延。记得西赛罗说："自信是一种感觉，有了这种感觉，人们才能怀着坚定的信心和希望，开始伟大而光荣的事业。"这种感觉的寻找，一半靠自己，一半靠别人。在我的鼓励下，互助学习小组范围逐渐扩大，同学们在互助中寻找到了自我，拥有了自信，并已主动出"击"：

自习课上，讨论问题热火朝天，纪律委员拿书、板凳到前方，对声音大的同学予以提示，对"得意忘形"的同学给以"警告"，巡视并解答难题，纪律井然；

或就某一门功课，学习委员或课代表搜集大家的难题，上讲台现身讲解，于是班内座位自动调整："听讲"的前座，"自学"的后坐。偶尔台上老师和台下学生争论声骤起，又在争论中平息。

而我这个班主任只有站在教室后面感动的份儿。

> 【教师感悟】
>
> 　　美国心理学家罗杰斯说："成功的教学依赖于一种真诚的理解和信任的师生关系。"我们应该用"心"去建立维护这种关系。认真地品味我们的学生，他们有优良的品格，有丰富的情感，有聪慧的悟性，有强烈的生命意识，只是这些都需要教师去唤醒。就让我们用真情去唤醒、去点燃他们对学习的自信心与主动性吧！让我们用爱启迪学生的心灵，撑起生命的风帆吧！
>
> 青岛电子学校　张俊霞

元气少女

　　大家周围有那种长得瘦瘦小小，但是正能量爆棚的元气美少女吗？很高兴地告诉大家我有一个这样的学生，她叫小雪。

——题记

　　初识小雪，她的瘦弱使她在人群中并不起眼，但是在开学近两个月以后，小雪对于班级工作的热爱和她在同学中的威信让我对这个女孩刮目相看。

　　每年艺术节学校都会举办一个以班级为单位的话剧比赛，由于要出剧本、找演员、做道具、找时间场地排练等，组织难度比较大。我们班是个纯工科班，33个男生，3个女生，有艺术细胞的更是寥寥无几。正在我为此事发愁的时候，我们班元气少女小雪勇挑重担。首先她和同学一起写剧本，然后软磨硬泡地鼓动她看好的同学参演某个角色，有了剧本和演员，小雪就带领大家在学习的间隙对台词、排练。到了演出那天，他们自信满满地登场，酣畅淋漓地表演，然后捧回一个奖状。这样的情形连续上演了两年。

　　今年的艺术节是小雪在高中最后的一个艺术节，她不想留下遗憾，依然决定报名参赛。可高三了，大家参与的热情并不高，小雪有点烦恼，对我说："老师，怎么办？我不想放弃。"看着小雪坚持的表情，我心里对这个女孩充满赞许，我不想让她失望，更不希望大家放弃这最后一次表现自己的机会，于是我激励她说："如果能在两天内写出剧本，我帮你敲定演员。"小雪满脸喜悦，高兴地跳起来，拍手说好。令我没想的是，剧本第二天下午就写出来了，而且质量很高，很贴近现实生活。我惊讶于她的速度，可她还是不好意思地对我说："老师，时间太紧，所以借鉴了不少网上的段子。"我夸道："我觉得剧本写得非常好，我相信你一定能排练好，今年还能拿个大奖，排练的时候有困难随时跟我说，我们一起解决。"小雪眼神里充满希望的光，仿佛现在已经拿了一等奖一样。很快我和她一起找好了演员，做好了道具。在小雪的带领下，同学们将空闲时间充分利用了起来，甚至周末都相约到她家附近的公园去排练。我也时不时地去看他们排练的情况，做些小指导。看着同学们投入地排练，我想不管能不能拿奖，只要小雪和同学们站在舞台上，他们就是最棒的。

功夫不负有心人，艺术节舞台上他们个个星光熠熠，全体师生投入地看着他们的表演，笑声阵阵，掌声阵阵。他们如愿以偿地拿到了艺术节话剧比赛的一等奖，小雪的心愿了了，她很满足。事后她来向我道谢，其实是我更应该感谢他们，我们成就了彼此。

【教师感悟】

威廉·詹姆士说过："人类本质中最殷切的需求是渴望被肯定。"在每个班中，都会有愿意为班级无私付出的学生，作为班主任，我们能做的就是给他们提供足够大的舞台，给予鼓励和肯定，让他们充满自信地去锻炼能力，展现才华。

青岛电子学校　胡雨雨

第五章　深耕情智教育　师生共同成长

像歌一样陪伴我们成长

> 沟通的艺术多样，但我始终相信，歌声这种最接近心灵的东西，是其中很重要的一种！
>
> ——题记

人生第一次站上讲台，进行班主任生涯的第一个班会，心中的忐忑自不必说。当我在黑板上颤抖地写下自己的名字，介绍自己的年龄、经历时，一个音量不大但却足够刺耳的声音传入我的耳中："不过如此啊！"我顺着声音望去，一个小眼睛的女生正用挑衅的目光看着我。我强颜欢笑继续开学的第一课。当班会结束时，我长舒一口气，深深地记住了这个让我刮目相看的学生——丹丹！

记得在军训时她花钱豪气，动不动就要用语言暴力解决问题，也许是大家怕了她，同学们私底下都叫她"丹姐"。而对于新手的我来说，遇到这样满身是"刺"的学生更是绝对的挑战。我决定用爱融化、拉拢她。

军训后，学校要举行班级文艺汇演，学校领导及其他级部班主任届时都要观看。师傅再三叮嘱我，一定要严格把关，打好带班第一枪！我想为何不让丹丹来负责朗诵环节呢？把如此重要的任务交给她，说不定就能拉近我和她的距离，为此我心中暗喜。军训汇演时的最后一个环节——朗诵！丹丹带着班级上场了，我在下面紧张地握着拳头，祈祷不要发生意外！前面的朗诵很顺利，可忽然领读的丹丹停了下来慢吞吞地说："不好意思，我忘词了……"瞬间我脑海一片空白，此时尴尬的我恨不得找个缝隙钻进去。后面发生了什么我全然不记得了。

事后，我从心底开始排斥丹丹，我开始故意冷落她，不再关注她。一天中午她发高烧，让我帮她出去买药，我答应了，却没跟她多说一句话。下午放学，丹丹红着脸找到我："老师，我该向您道歉！军训汇演的事，我是故意让您出丑的……"话还没说完，她眼泪一下子就掉了下来。我给她擦了眼泪微笑着说："没事，老师早就不记得了！""赵老师，我那样其实是想让您重

成长，我们在路上

视我、关注我！"我笑着说："其实老师早就注意到你了，看班级板报你做得多好啊，还给班级加了分！"听我表扬她，她有些羞涩，接着说："原来您都知道啊？那学姐找我谈心也是您安排的？""当然啦，老师关心每个孩子。""赵老师，其实我喜欢您！我还给您编了一首歌！""是吗？唱给老师听听吧。"

"那天我们相遇

你身着一身蓝裙

眉下的那抹温柔

轻盈地挂在脸上

犹如一缕阳光

温暖我的心房

记忆挥散不去

却藏进了　我的诗句

遇见了你　人知幸运

我们都钟情于温柔的你

五年风雨　不离不弃

五年时光我们都与你一起

一八零三　围绕着你

你是我们人生中的期遇

我的未来　你来参与

人生灯塔　就是你"

听完歌我一把拥她入怀，感动地说："老师会一直陪伴你们左右！"那一次，我们聊了好久。临走前，她笑着对我说："赵老师，以后我一定努力，给班级争取更多的荣誉！"我们相视一笑。从此，心扉打开了，有了彼此的信任，我们既是师生又是朋友。从那开始，每逢节日我便会收到来自丹丹的祝福和一首首温暖人心的歌……

【教师感悟】

　　心的沟通能让欢乐从优美的歌声中飞出。我想作为一名老师，就要不断守望，让歌声常伴，助力成长无限，这是我守望在这片麦田的初心和祝福。

青岛幼儿师范学校　赵如

您是我们生命中的贵人

> 2013 年 5 月 14 日,青岛晚报以《从 8 分到 60 分,学生哭了》为标题,发表了王老师教育学生的事迹,真实记录了王老师教育学生的情景,也让我想起了和王老师在一起的点点滴滴。
>
> ——2011 级东方物流班　李和睿

进入商务学校两年来,我拥有了一段美好的记忆。我喜欢上了这里的每一位老师,我爱上了商务学校的每一种生活。在这里我最要感谢的,是陪我走过两年风风雨雨的班主任——王晓丽老师。

东方物流班的同学曾经是一群最不起眼的小麻雀。他们没有得意的身高,没有迷人的脸蛋,没有过人的天赋,更没有入学时的好成绩。但他们都来自同一个地方——乡下。

课堂上:

他们迎来了高中时期的班主任,眼神里没有瞧不起。她用两年的时间帮助我们摆脱了入学时的难堪,她说的每一句话无不渗透着:你要加油,要肯努力。只要你自己瞧得起自己,没有人可以小看你。正是这样的鼓励,让我们找到自己,大胆地抬起头往前走,更让我们成为全校甚至是全市的楷模班级。记得一次班会课,学管处让同学们写一写影响自己人生的人,我看到了同学们的心声。

王秀秀:王老师给了我自信,改变了我的生活。

申太成:记得在初中的时候,上课睡觉老师也不管我。来到商务学校,来到王老师班里,我才感受到做学生的快乐。王老师就像父母一样关心我,一直拉着我走,谢谢王老师对我的不抛弃、不放弃。

迟卉:王老师对每个学生都那么上心,明明可以不管,但她都管到底。

……

晚自习:

所有人都安安静静地学习,为什么王老师对我们却要那么严厉?东方物流的每一位同学从刚入校的不理解到后来的领悟，那是为了要锻炼养成我们自律的好习惯！王老师从家里带来了书籍，每天晚上班里不少于20本书，同学们写完作业后，阅读，写读书笔记。后来学校的图书室可以借书了，王老师鼓励我们借书阅读。于是，晚自习我们忙得不亦乐乎：读书，抄好句，看新闻，写评论，练字……"每日一得"成为了我们班的必修课，黑色皮质的硬皮本还是王老师统一配发的呢，它成为了我们成长路途中厚重而坚实的脚印。

期末考试：

考试，实在是令同学们最头疼的问题。东方物流班同学入校时成绩普遍较低，有的同学英语、数学成绩是个位数。别人都在操场上玩耍，只有我们，讲台上还有班主任的身影。教我们理解专业术语，教我们诵读英语单词，教我们熟记数学公式。在王老师的努力下，我们的各科学习成绩跃升为级部第一名。

她是一位语文老师啊，却可以为我们解决学习上的所有难题。

假期中：

每次放假，同学们不是喜悦而是哀叹，因为东方物流班的每一位同学都喜欢快乐的班级生活，单调而枯燥的假期中同学们不停地在计算着时间：还有10天，8天……5天，3天……快开学吧，同学们在网上这样留言。这得力于王老师的育人方法，她努力让班级中每一位同学都能够轻松学习、快乐成长。她启发学生自主学习，在学习中得到快乐。课堂上她的思路非常清晰，逻辑性强，她能有效调动学生的情绪，调控课堂的气氛。她很平凡，但她却一点也不普通。生活中，她总能用生花妙语点击我们的心灵。

学习：我不要求你们都考多么好的成绩，但是你们一定要做到问心无愧。那样即使考了20分，你也是好样的。

艺术节：我们可能没有音乐天赋，但只要人尽其力就好。千万别下了台后悔。

运动会：你可以没有体育的优势，但一定要有上运动场的自强自信。你们太优秀了，这群小不点儿怎么能取得如此好的名次呢？

篮球赛：别的班非要到你怀里抢球，你就把球送给他。礼让也是一种能力，友谊第一，比赛第二。

结果：不刻意追求成绩的11东方物流班各科学习成绩成为级部第一名，

艺术节大合唱年级第一名，校广播操比赛全校第一名……

后来，我的成绩在班级名列前茅，还被评为校三好学生、优秀学生干部、青岛市三好学生，现在正在世园会植物馆做着讲解员呢！回头看看走过的路，关键时刻因为有你，我的好朋友——王老师，我才拥有了今天。

这便是我高中的班主任，她在我们青春期迷茫的时候，给我们点燃了思想的路灯，给了我们寻找未来方向的信心，让我们在学习和生活中变得更加坚强，让我知道如何走自己的路。老师，谢谢您！

【教师感悟】

2011级东方物流班是爱基金班级，享受"五免一补"政策，招收农村贫困学生。所以，如何培养学生的自信心是我的首要任务。山姆·沃顿说："适时的欣赏是免费的，但它却价值连城。"欣赏与被欣赏是一种互动的力量之源，如果教师怀着愉悦之心、仁爱之怀去欣赏学生，学生也会产生自尊之心、奋进之力。教师的欣赏是有魔力的，它可以点燃学生的梦想，让他们萌生向上之志，发现一个全新的自己。

青岛商务学校　王晓丽

愿我吃一堑，助你长一智

> 担任班主任第一年时，教学工作任务重，班级管理理论实践均不足，在边学边管理的情况下，没少走弯路、踩雷区。现把我的失败经验整理出来，愿我吃一堑，助你长一智。
>
> ——题记

我身材瘦小，站在一群人高马大的高一学生中间，就会越发显得娇小。加之，脾气比较好，说话比较温柔，极少会生气。我自认为无法做到让学生敬畏，也觉得自己还年轻，想要和学生打成一片，让他们把我当成自己人，当成同一战壕的队友。但是我却忘了，老师和学生毕竟不同，一味地想握手言和成为朋友，反而会适得其反，让自己处于被动窘迫之境。军训时我便初尝此苦果。

烈日炎炎下，学生们结束了半天的军训，午休时看着他们各个睡得那么沉，不忍心提早叫醒他们，尽量让他们多睡会，每每都是踏着点集合；军训结束交代好离校安全后，也基本不讲事，想着让他们早点回去休息。一连两天都是这般操作，拔河比赛时，我们班艰难组队，恰逢抽中强敌，我们几乎是被秒杀。拔河比赛失利后，虽然我们班的成绩特别不好，但为了鼓舞大家士气，让大家在接下来的军训中能表现得更好，我决定给他们每人买一瓶饮料。老班主任们纷纷劝我："你再这样惯着他们，小心日后被他们欺负。"我当时还是不太以为然，以为以真情定能换来真情。但是，后来发现与学生距离近了之后，学生会跟我说笑，跟我分享他们的喜怒，但却不怎么尊重我，班级纪律也很成问题，学生们并不懂得自重，理想中的宽容善待演变成了现实中的散漫无序。

随后正式上课时，我想改变一下，千万不能被这帮学生看扁，我要强势点，想学着老班主任样子，依葫芦画瓢，对学生各种"凶"，让他们敬畏。正式开学后，我收起了休闲装，改穿职业装，板着脸，故作严厉，遮住我本来的样子。班级管理中，一遇到不尽如人意的事，我就会大发雷霆，大声训斥。遇到学生出现违纪情况，我都会从严处理，厉声训斥，既要写检查作检讨，又要通知家长做反思。结果学生又出现新的分化，或变得沉默寡言，对身边的事情、班级的活动漠不关心；或阳奉阴违，当面一套，背后一套；或干脆采取"以其人之身还其人之道"的做法，当面与我对着干。半个学期下来，整个班级的凝聚力始终没有很好地建立起来。

仔细回想起来，作为班主任的第一个学期，我精准地踩了两个雷区：一是一味讨好学生，和学生之间不保持距离；二是没有人情味，为了严厉而严厉。这也算是一名"新手"的必要经历吧。新的学期，恰逢突如其来的疫情，虽相隔屏幕，但真诚与真情没有距离，我更有耐心与学生沟通，也更有时间倾听孩子们的故事，不知不觉间，孩子们有了一段特殊与难忘的经历，我也收获了信任与理解。

> **【教师感悟】**
>
> 现在的学生成长得很快，也更加直率、随性，班主任与学生纵是"千年冤家"，但并非不可调和，彼此的尊重，真诚的沟通，总会有春暖花开的一天。
>
> 青岛电子学校　李磊

感谢您一直都懂我们

> 生活中，她热情善良、面带微笑、心怀感恩；工作中，她积极向上、雷厉风行，和学生的交往精彩纷呈。她，就是我的班主任——赵琳老师。
>
> ——2016级"3+4"国际中加本科班　亢颖钰

赵老师教计算机学科，还是一名心理咨询师，课余她也经常看一些心理方面的书籍。她说，我们的心理有着明显的双重性：思想上的开放性与内心的闭锁性，目标上的时代性与需求上的享乐性，认识上的自负性与情感上的自卑性，发现问题的敏感性与分析问题的偏激性，这些特有的心理特征使我们的内心世界充满了困惑、矛盾和烦恼。我们渴望向别人倾诉，渴望得到别人的理解和尊重，十分在乎外界对我们的评价和接纳。

不管是调皮的还是内向的学生，她都会经常找来谈心，经常和我们沟通，与我们一起分享忧与乐。赵老师说："你们有很多的烦恼和忧愁，多是因为你们的内心和行为得不到成人的理解。我愿意做你们的知心朋友，让你们乐意把心里话对我诉说，我也愿意做个忠实的听众，给你们充分表达的机会。"她是这样说的，也是这样做的。赵老师说网上交流可以减轻我们的心理压力，自然而亲切，于是她经常用这种方式与我们进行沟通。当我们遇到困难、需要帮助的时候，都会第一时间给赵老师QQ或微信留言。爱玩游戏的同学会收到"孩子，电脑是很好的学习工具，但绝不是玩具"的善意提醒；灰心失落的同学会收到"孩子，相信自己！老师渴望看到你的欢笑和进步"的鼓励；我们的爸爸妈妈也经常收到赵老师发来的中外成功人士教育子女的经典故事或关于孩子身心全面培养的文章或建议。赵老师是一个懂得倾听的人，她喜欢倾听我们的话语，倾听我们的心声，倾听我们对世界的理解和对未来的梦。她说她的倾听是对我们的一种厚爱和尊重。通过倾听，她与我们拉近了距离，赢得了我们的信任，我们都认为她是最懂我们的老师。

赵老师是学校的教学骨干，总是担任着繁重的教学任务，经常备课到深夜，即使高考班结束后有一周的假，赵老师却从未休过一天。因为她牵挂着我们，无时无刻。每天早晨，她总是早早出现在教室，带领我们学习英语。赵老师是计算机、英语双学历，但从教以来她一直是教计算机学科，为了我们这帮国际班的孩子，她自己买了雅思书籍和我们一起学习英语。她几乎可以无障碍地与外教打交道的英语实力着实让我们佩服。同时每天早自习她都会检查雅思单词背诵、听写，并认真批改、反馈，找有问题的同学谈心。在赵老师的关心帮助下，我们从最初听不太懂外教讲课，到与外教毫无障碍地沟通交流，练就了一口流利的口语，并且所有同学都通过了雅思考试，顺利进入到了加拿大地康斯多加大学就读！

回望在电子学校的三年，最令人难忘的是赵老师，她对我们永远充满希望。我们的点滴进步都给她带来幸福、快乐和感动。她让我们每一个学生都沐浴在充满人性美、人情美的阳光里。

【教师感悟】

中加班的三年面临了很多挑战，这些挑战也让我得以快速地成长，我们一起创造奇迹。在与这些孩子的朝夕相处中，我逐渐体会到：成功的教育不是喋喋不休地传经布道，而是春雨润物般不露痕迹。

青岛电子学校　赵琳

扛起自己的责任　做好自己的事情

> 《淮南子·主术训》中说："积力之所举，则无不胜也；众智之所为，则无不成也。"新冠肺炎疫情发生以来，举国行动，上下一心，战武汉战河北战全国，众志成城，无畏前行。身为一名普通的中职学生，又将如何？
>
> ——题记

2020年春节，一场突如其来的新冠肺炎疫情给喜庆的节日蒙上了一层阴影。面对来势汹汹的疫情，2016级五年贯通班的全体同学，没有惊慌，没有质疑，而是励志践行，用自己的实际行动扛起自己的责任。

巧用小程序　让"技能专长"落到实处

抗击疫情下的我们，每天报平安，已经成为习惯，成为工作常态。

每天早晨一睁眼，我必先拿起手机看一眼学校有没有发布最新通知，每天晚上临睡前必须要再三确认是否所有信息汇总齐全。不记得有多少个清晨，我第一时间拿起手机，发现家长群里的接龙队伍已经很长了。咱们的家长不忙吗？忙！可是每天家长群里那长长的接龙队伍从未间断过。

为了消除长长的接龙带来的麻烦，为了让群里的信息提交变得快捷有效，班长张海涛向我推荐了一款他自己编辑好的小程序。打开一瞧，果然是条款详实、一目了然。以往和学生面对面，所有事情都局限于纸上记录，而今学生的一个小创新令我豁然明白：这类小程序在教育教学中处处都能用啊！

这就是我们的学生，借助网络平台，利用自己所学的专业知识，学以致用，让"技能专长"落在实处、落在细处，融于生活中所需要的每一处！

提升自我　制定计划　养成好习惯

居家的日子，时间充裕，我要求每个同学都有自己的事情要做。有的潜心研究美食，为家人呈上可口的饭菜，其乐融融；有的撸起袖子打扫卫生、洗衣服、拖地、擦桌子，承包所有家务，弥补上学期间不能达成的心愿；有的读书练字、修身养性、磨炼意志；还有在圈里炫耀肌肉与力量的健身爱好者。一桩桩，一件件，温馨又温暖。

制定计划专心练琴并一举考级成功的王宇菲同学，回顾自己的假期经历，有自己独到的体会："养成好的习惯需要21天，而21天太长，7天之后又怕半途而废，折中了一下15天，从学习到体育锻炼，做了一个系统的时间及教程的规划。无父母监督，全靠自己自觉，因为怕坚持不下来，找到了自己的好朋友也就是图片里面提到的琳一起打卡。"在她的计划中，坚决禁止的几条用红色标记出来，格外醒目。令人骄傲的是，宇菲同学不仅能完全坚持下来，还顺利完成了自己的古琴考级。

防疫第一线　做最美志愿者

疫情就是命令，防疫就是责任。在这场没有硝烟的战争中，一批批"最美逆行者"震撼着人们的心灵，我们班的黄嘉旭同学就是这样一位出现在防疫第一线的"最美逆行者"。

在这个特殊的寒假，作为一名优秀的共青团员，黄嘉旭不忘誓言，成为一名学生志愿者，积极参加社区的防疫工作。身穿红马甲，面戴口罩，他每天严格排查来往车辆、人员，测试体温，逐车逐人进行登记。无论是寒风扑面还是大雪纷飞，他都毫无怨言，用自己的实际行动为抗击疫情贡献青春力量。

停课不停学　我们学起来

同学们盼望开学，盼望到青职本校去体验一番。24号网课即将开始，同学们的学习积极性已然高涨。这段时间，班级群里异常活跃，随着青职各位任课老师的到来，各位课代表也随即点名报道：思政课群，实践任务更改上线；英语课群，英语交流英语角已经成立；就业指导课网上注册已经完成；专业课群里呈现的课程表更是让大家猜测不断。这门课需要下载安装APP，那门课需要云班课；这个说手机顶不住了，那个说课代表还有个空缺；招兵买马纷纷忙忙中，一切准备就绪。停课不停学，学起来！

一桩桩一件件，同学们第一时间听从国家的召唤、紧跟党的领导、配合学校的要求，相信科学不传谣，扛起自己的责任，用心做好自己的事。

【教师感悟】

"积力之所举，则无不胜也。"疫情无情人有情，众志成城才能战胜疫情。2016级五年贯通班的全体同学，凭借坚定的爱国情怀、不懈的奋斗精神，脚踏实地地把每件平凡的事做好，在这场没有硝烟的战争中，用一片赤子之心贡献自己的爱国护国之力。"志不求易者成，事不避难者进"，唯其艰难，才更显勇毅。今天的负重前行，必将赋予未来乘风破浪的勇气。

青岛电子学校　张俊霞

学生，少了一个

动笔写下这个题目，我的心中遗憾满满。在2017级这届学生中，有位叫子裕的男生，高二退学了。偶尔翻看班级照片，会想起他，在我的记忆里他是一个阳光、真诚、幽默的大男孩，我想写写他的故事和我的感受。

——题记

我记得很清楚，他报到得晚，新生已经在军训了，他妈妈陪着他找到我，初见他时有些胖胖的，头发长到遮住了眼睛，一副很不情愿的样子。他妈妈不无担忧的和我聊起来："孩子在潍坊爷爷奶奶身边长大，刚来青岛一年，成绩不太好，不想在青岛读高中。"说话间眼睛不时小心翼翼地瞥向他。他有些不耐烦得打住了妈妈的话。虽然我对他的第一印象不太好，但是职高里的问题学生很多，我也是见怪不怪，所以我用轻松愉悦的话语对他的到来表示了欢迎。他妈妈走后，我把他领到我班的军训队伍中，从那时起他成了我们班中的一员。

军训的间隙，我找他聊天，问了他以前的学习和生活，令我意外的是，他很健谈而且很坦率，并不像有的问题学生一样不爱和老师沟通，仅凭这一点我有点喜欢他了。那年受场地影响，军训只进行了三天，在这三天里他剪短了头发，跟着队伍认真训练，主动搬水搬书，我对他的好感持续增加。军训结束后开始了按部就班的学习生活，除了偶尔迟到，在他的身上我找不出其他问题学生的影子，他和老师、同学们相处得也很愉快。给我印象最深刻的是他在班级组队参加了校辩论赛，他赛前和队友认真准备材料、赛场上临危不乱、和对方辩友唇枪舌战的样子让我觉得我成功地挽救了一个问题学生，又给社会主义建设添砖加瓦了。

然而好景不长，到了高一下学期，学校活动较少，学习难度和要求加大，学校的精细化管理让这个已然要向好的孩子又有点适应不了了，以前的不良习惯又开始冒头。偶尔迟到变成经常迟到，甚至旷课，我找到他问他原因，他很坦率地告诉我晚上玩游戏玩到很晚，早晨起不来，而且对学习也没有兴趣，这种和盘而出的坦率倒也不用我费心给他找原因了，他把自己分析得非常透彻。我找到他父母，他爸爸的一番话令我觉得这位父亲太有勇气了，他爸爸说："老师，他已经长大了，我现在让他自己做决定，要么回到学校，遵守学校纪律，完成高中学业，要么退学回家经商，不要浪费青年时光。"他父亲说完，我有一种预感他很可能要退学了，果然，在高二的时候他就不来学校了，尽管我也做了一些努力，但没有效果。学校有规定，缺课超过一定课时，按自动退学处理。就这样，这个健谈的男生离开了我们班，后来我只在微信朋友圈看到他的只言片语，再也没有联系。

【教师感悟】

很多著名教育家都说要将爱倾注于教育。子裕的离开令我不断反思：一个教师究竟要如何倾注耐心和爱心来对待一个学生？要怎样引导才能支撑其心理走向更广阔的天空？我在寻找答案的路上……

青岛电子学校　胡雨雨

眼见不一定为实

"金无足赤，人无完人"，这是众所周知的道理。一个心智还没有完全成熟的学生更是有许许多多的缺点，这是谁也不能否认的事实。发现学生的缺点却不能指出，这不是为师之道，但不恰当的批评却会给学生带来较大的伤害，所以班主任要提高自己的观察力，不要被表面现象所蒙蔽和迷惑。

——题记

班主任工作极具挑战性，尤其是职业学校的班主任，面临的学生更加复杂，所以工作的压力和难度会更大。

在担任 2016 级 8 班班主任时我遇到了这样一件事情。有一天我有本班的课，两分钟铃响后，同学们大都做好了上课的准备，但有一个空位让我实在挠头，又是小刘！我课上了大约七八分钟，一声"报告"打断了我，我打开门一看，正是我班的迟到大王小刘！看见又迟到的他，我火冒三丈。他可是迟到的惯犯，我就毫不客气地对他说："你又去哪里了？拉肚子还是去医务室了？这学期才开学 3 个周，你竟然迟到了 8 次，几乎天天迟到，今天我倒想听听你的借口！"我表达完我的不满之后，小刘怒目圆睁，但眼里还有泪水，他有点哽咽地说："你冤枉我，这次真的不是故意迟到，我问数学老师题，老师给我讲得很投入，我们都没注意到上课了，不信你看看我的本子。上面还有数学老师写的讲解过程！"我接过他手里本子一看，果然是数学老师写的解题过程。我马上意识到自己错怪了他，连忙给他道歉，但是他不接受我的道歉，气呼呼地走了，我连忙找班长跟着他，他俩在操场上停了下来，小刘跟班长说老师拿有色眼镜看他，在老师眼里他没有任何优点，尽管班长也劝他，但收效甚微。接下来几天他都不理我。过了大约一周吧，我看他冷静下来了，于是找他单独谈谈。我没有给自己找任何理由和借口，而是态度非常诚恳地向他道歉，并请他监督我没有弄清楚事情前绝不妄加评论。最终小刘原谅了我，也认识到自己前面总是迟到确实不对，希望老师能原谅他并给他改正的机会。

这件事情给我留下了深刻的教训，他让我明白：在遇到事情时，千万不能盲目做出决断，尤其不能直接去批评学生，一定要搞清楚事情的来龙去脉。对待学生要有耐心，有时候眼见不一定为实。事后我也对我多年来的班主任工作进行了深刻的反思，有几件事情我处理得有些简单粗暴。他们这个年龄段的孩子内心是非常脆弱的，非常渴望得到别人尤其是老师或长辈们的肯定，而且自尊心又很强，如果在某件事情上被伤害，这个伤口就很难愈合。所以，作为班主任的我们在批评学生前必须弄清事实的真相，并用一种学生最易于接受的方式去跟他们沟通和交流。说话绝对不能草率，态度更不能简单粗暴。我感谢我的学生能原谅我，并给了我成长的机会。

【教师感悟】

　　学生是有血有肉的人，随着年龄的增长和个性的发展，他们独立思考的能力增强，他们不喜欢批评的话语，尤其是老师不恰当的批评，这会使学生失去自信，失去对学习的兴趣和与老师的亲近。但良药苦口利于病，教育不能没有批评。请牢记：一切善意的忠告必须是在明察之后，并且只有在私下告诉学生才最有效。

青岛电子学校　徐敬铭

坚　持

　　做一件事容易，坚持做一件事却很难，把一件事坚持做好三年更是难上加难，而我的卫生委员赵锐就是这样一位能持之以恒去做好一件事的男生。

——题记

　　2014年我接了一个46人的纯男生班，学生都戏称为"和尚班"。这个班里每个男生都是个性鲜明的，有很多才华横溢的学生，所以在任命班干部的时候我几乎没有遇到困难，各项工作都由这个领域最有才干的学生担任。唯独卫生委员这个职务没有人想干,大家都觉得这个差事不仅累,而且还容易得罪人,事实的确如此,可总得有人领走这项任务啊,于是我就在全班男生中搜寻可以担此"大任"的学生,最终我的目光落在赵锐身上。赵锐是住校生,从早到晚都在学校,可以来得早些、走得晚些,而且赵锐每天都是笑嘻嘻的,性格很好,人缘好,感觉任务交给他应该没有问题,于是我把卫生委员的职务强行派给了赵锐。赵锐有点勉强但还是笑嘻嘻地接受了,对我说:"老师,我试试吧。"

从答应当卫生委员那天开始,赵锐便开始了坚持把班级卫生做好这件事,这一坚持便是三年。每天早晨他早早来到教室,督促值日生扫地、拖地、倒垃圾,学生会来检查卫生,一旦说某个地方不太干净要给班级扣分的时候,机灵的赵锐就会马上拿起卫生工具清理干净,并保证下次一定认真打扫,这让学生会的学长们感觉到这个小学弟非常勤快、干活利落,都很喜欢他。做卫生委员还有一件很头疼的事,那就是中午吃饭时要分派同学去食堂把饭搬到教室来,吃完之后还要把饭盒统一送回去。别看这么一件小事,却蕴含着用人的大智慧,我们机灵的赵锐把同学们分成五大组,去搬饭的时候两人一组,找身体强壮并且热爱劳动的同学,送饭盒的时候一人一筐,找力气相对小并且吃饭慢的同学,碰到哪天有请假的同学还得及时给同学们作调整,干活不认真的同学,他还得跟在后面多嘱咐几遍。就这样,三年风雨无阻,大家的午饭准时来按时回,这样一个流程一个学生不厌其烦地指挥了三年,太难得了。

中午午饭结束的时候,我都会到班里去看一下,印象中赵锐总是站在门口,他要迎接学生会 12:20 的卫生检查,在这之前他要安排好值日生在午饭之后开窗通气,再打扫一遍教室,完成这个任务后他再回到座位上午休。因为有赵锐的付出,所以班级每次都会被评为"卫生先进集体",得到流动红旗,作为班主任的我感到很自豪,同时也很佩服他。

毕业时我对赵锐表达了我衷心的谢意,感谢他这三年来无私的付出,感谢他对班级以及对我工作的支持,他就是以后我每届卫生委员的标杆。

【教师感悟】

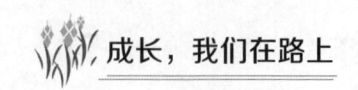

　　赵锐这样的孩子会劳动、会做事，我在他成长的过程中没有对他进行谆谆的教导，而是给了他足够大的舞台，放手让他去发展。在某种程度上他也影响了我，做事脚踏实地，工作灵活创新。三年的坚持不仅赢得了我的感激，也赢得了全班同学对他的信任，所以我有理由相信执着的赵锐未来一定会更美好！

青岛电子学校　胡雨雨

我应该怎样迎接你

　　工作这么多年了，每当想起教室最后的那个空位，一种难以名状的感受就涌上心头……

——题记

　　那年期中考试刚结束，在我的办公室门口站着一个小伙子，身强力壮，头发有些蓬松，两侧的脸上有些疙瘩，后背上很悠闲地挎着一个书包，如果不是穿着校服，我都感觉不出他是个学生。旁边站着一位中年妇女，应该是他的妈妈，小心翼翼的神态和谨慎的样子，感觉他妈妈更像是一个准备上学的学生。

　　他妈妈简单说明了来意，递给我一张转学申请表，我脑子有点乱，肯定又是别的学校的问题学生，这样的学生到班级里肯定会制造各种麻烦。"老师，您好，孩子是准备转到咱班的……"可以看出家长为了孩子能再次上学妥协了多少次，她的面部表情告诉我她是多么得无可奈何。当时我真想自己能有神功，让孩子立马变成一个优秀的学生，可是当我再看孩子的时候，他一副无所谓的样子，眼睛不断乱瞟。我心想，家长苦口婆心地为孩子求学，孩子为什么没有一点感激的神态呢？

　　"你的胳膊怎么有个很长的疤痕？"我转移了一下话题。

　　"上个月做了个小手术。"家长急忙抢在孩子回答之前说。"是打伤的吗？"

我看着孩子问。"老师,我不会再和同学打仗了。"果然,孩子还是孩子,告诉了我为什么要转学了。

我的天呢,这么一个有前科的学生,我怎么接收到我的班里呢?万一带动班内其他同学怎么办?一连串可怕的后果告诉我不能轻易接受这样的学生,但他来我班是学校决定的,我得给他点厉害看看,让他知道进班后必须得老老实实地做人。

"这个班是春季高考班,家长们很重视,万一你在班里影响到别的同学,我没法跟全班同学解释,根据你的性格,你是不是可以考虑到别的班级?""老师,这么小的孩子回家也不能工作,麻烦你让他进班里吧。"家长着急得跟我哀求道。在一旁的男孩反而用惊讶和不满看着我,脸上明显写着敌意。"你自己思考一下,你这个样子我班不接受。"我话音刚落,他对他妈妈说:"走!"一边说着一边离开了我办公室门口。我拉住了家长,告诉他我这样"吓唬"的用意,让孩子知道要再次进入学校的不易,希望他以后能珍惜。家长很感激地说回家继续做孩子思想工作。隔了一天,家长带着孩子又来找我,我继续上次的语气:"你们选好别的班了?""老师,孩子回家后作出决定了,保证以后遵守校规校纪,好好学习。"看到孩子这次不吱声的表情,我跟他很严厉地罗列了一系列的要求后,把他带到了班里。

进班后,孩子的表现只有三天良好,三天后开始出现各种不良行为,不交作业,各任课老师反映上课说话,自习课破坏纪律,下课在楼道大声吆喝……进班前对他的吓唬及提的要求似乎没有一点作用,我陷入了深深的无助。两周后,孩子再没来上学,家长打电话告诉我,孩子在这个班上课根本听不懂,但是他感觉这个班是他的班。我再次被噎住了,突然,我觉得从一开始,似乎是我做错了什么。教室最后一排的那个座位很长时间都是空的,每次我都会想起他妈妈为他求学时的表情,想起孩子当初桀骜不驯的表情,想起我给他罗列的各种条条,可是这给了他警醒了吗?还是加深了他的厌学?

成长，我们在路上

【教师感悟】

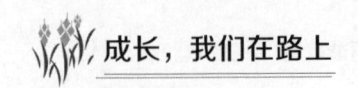

可能经常遭受老师冷漠态度的学生，对他进行语言洗礼已经不起作用，也许他感到现在的班级还不如以前的班级温暖，也许他也想改正自己可是没有机会……我发现我真的做错了什么，可是我又不知道应该怎么做。教室里的那个座位空了很长时间，一直在警示我，以后再有新进的学生，我可能会热情地迎接他，我会给他一个重新开始的机会，让他感受到新环境的温暖，我也可能……求解：我应该怎样迎接你？

青岛电子学校　郑杰

追逐梦想：我们不是"炮灰"！

> 身为教师，我最大愿望就是让我的学生明白：无论何时，都不能轻言放弃！为了这一梦想，我一直在努力。
>
> ——题记

至今犹记，当学生把"梦想之星"综合素质挑战赛的奖牌捧在我面前时，我笑得异常陶醉：笑醉在学生同样灿烂的笑颜里，笑醉在学生激情四射的神态里，笑醉在学生飞扬的自信里，笑醉在"炮灰论"的灰飞烟灭里！

往事历历在目……

记得接到任务的那个下午，我去班里鼓动学生报名参赛。"全市中小学生综合素养挑战赛，我们参加？有没有搞错？""和人家普高去比，炮灰啊？"各种议论充斥耳际，尤其是那"炮灰"二字震得我的心很疼很疼！

我静静地听着大家的议论，直到教室里变得非常安静，然后，问道："谁说我们去就一定得当炮灰？难道我们就这样看不起自己，甘愿当炮灰？"学生盯着我，无语！"好吧，就算当炮灰，我们也应该亲自去体会一下炮灰是怎样炼成的！难道我们连这点勇气都没有吗？"我不知道自己当时说的有多悲情，只知道和我对视的眼睛里有动情，因为有人开始报名！

于是，我带着选出的三名选手，顶着"炮灰论"的阴影，跋涉在备战的征程上。

我们首先要做到的就是要调整心态，激发自信。由于大赛内容涵盖范围广，学生都感到无从下手，未上战场内心已乱，必须先稳定军心！我和学生多次沟通，群策群力：有序分工，每人搜集不同的板块内容，然后汇总筛选。如此，大家都积极投入到资料的搜集整理中，面对手中的"战果"，学生脸上终于有了自信的笑容。

接下来我们互帮互助，协作奋战。自信已有，资料已备，记忆积累便水到渠成。为了更好地激发学生的斗志，我采取各种激励方法。例如，采用"蚕食政策"，每位选手按板块内容逐一攻克，然后选手之间检查问答；利用主题班会，接受全班同学的考核，并以问答的形式进行现场模拟。课堂如同战场，如火如荼，气氛热烈。全班同学是群情激昂、斗志满满。

终于，6月25号，我们坐在了17中的比赛大厅里。经过一轮又一轮的角逐，我们进了决赛——两个职校队，我们是其一。我激动，我不敢相信自己听到的公布结果，学生却很淡定地说："老师，你笑得比哭还难看！"

决赛内容又增加了才艺展示。因为学生已放假离校，我临时组建了一支"小品表演队"，多次返校排练。顶着炎炎烈日，冒着酷暑高温，我们没有人抱怨。

决赛，39中，7月20号。那天，我在外地学习，只能电话叮嘱。焦急中，一条短信传来："他们在比赛，小品不错。"我知道，这是学生家长发给我的。也正因为这位家长的车接车送，全程陪护，我才终于安心。

没有亲临决赛现场，我至今仍遗憾错过了学生口述的那精彩的一幕幕。所以，当他们把奖牌捧在我面前时，天知道我有多好奇！可是，他们却争着问我同一个问题："老师，你说4和5有什么区别？"看我很茫然，他们长叹一声，然后很慢很慢地告诉我："答案是：知识问答，人家取前4，我们是第5！"我目瞪口呆之际，他们又相视一笑："老师，您表情不用那么丰富，我们懂的！"千回百转，真的是千回百转之后，我也很慢很慢地说："那怎么了？回眸遥望，我们还是第一名呢！"大概是没料到我的这个解释，他们憋了半天，纷纷冲我伸出大拇指，说："老大……"然后又相视一笑，互相应和道，"就是老大！"学生平时喜欢喊我"老大"的，于是，我也很傲慢地点头，得意地一笑，华丽转身，身后传来他们开心的笑声！

记忆里，学生很久都不愿意把奖牌还给学校，而是端端正正地摆在教室后方。我知道，从当初的"炮灰论"到比赛结束，在学生的心里，这块奖牌已经成为了一种象征！我又有什么理由不让这种象征无限发挥它的正能量呢？

【教师感悟】

  美国心理学家马斯洛有一段名言："如果你有意地避重就轻，去做比你尽力所能做到的更小的事，那么我警告你，在你今后的日子里，你将是很不幸的。因为你总是要逃避那些和你的能力相联系的各种机会和可能性。"每次读到这段话，我总是心有感触。只有直面自己、勇于迎接挑战，才有可能在实践的过程中最终战胜自己，收获成功。我坚信，在追逐梦想的道路上，我和学生都已明白：无论何时，都不能放弃自我，不能自认是"炮灰"！不忘初心，砥砺前行，必能见到雨后那美丽的彩虹！

青岛电子学校 张俊霞

生活如此多娇

  习近平总书记曾指出，坚持中国特色社会主义教育发展道路，培养德智体美劳全面发展的社会主义建设者和接班人。所以学习并不是高中生活的全部，还可以开展其他丰富多彩的活动。

——2017级4班 董纯凯

  我高中毕业于青岛电子学校，所在的班级是2017级4班，这是一个三二连读大专班，专业是计算机网络技术专业，班主任是杨晓宁老师。难忘三年高中，在杨老师的悉心教导下，在"团结、奋进、睿智、创新"的班级口号引领下，在"做班级主人"的班风建设里，在实现"学做人、学做事、学知识"的奋斗目标引领下，我们充满魅力的班集体用努力和汗水书写着属于我们的辉煌。

  在高中三年里，我们学到了扎实的文化知识和专业技能。为了促进我们的全面发展，学校开展了"十个一"项目行动，极大地丰富了我们的学习与生活。记得在"立德树人与劳动精神"的论坛中，我们与全国劳模许振超、王炳交等面对面，真诚交流劳动创造美；不忘一次次歌咏比赛我们豪情满怀，好几次全校诗歌朗诵比赛我都折取桂冠；还有我们最喜爱的"悦读分享会"，同学们每次都是如数家珍。

班里最受尊敬的当属商现峰同学，他是班里的书法大家，他成立了"墨语堂书法兴趣小组"，不仅我班大部分同学被他吸纳，而且在全校也圈粉无数。他教我们写毛笔字，记得每年的教师节他都会带我们写下感恩老师的诗句，每次都让众多老师动容。每年春节前，我们都会写好大大的福字和红红火火的春联，给敬老院的爷爷奶奶送去我们新年的祝福。教室里悬挂着商现峰的墨宝，催我们学习奋进。它让我们充分感受到了中华传统文化的魅力。

高中三年，我们一直与学校附近的一家敬老院结成对子，坚持利用课余时间去看望和陪伴那里的老人，和他们聊天，倾听他们那个年代的工作与生活，为老人们表演一些节目，给他们的生活增添更多的色彩。很多老人甚至对我们的同学都产生了依赖感，在交往中我们真正体会到了什么是"老吾老以及人之老"。

高中三年里，还有一件事情我印象深刻，这件事与我们的老班有关。班主任杨老师是一名思政课老师，她是一位社会责任感极强的老师，在给我们讲法律课的时候，她组织我们开展了青少年模拟法庭活动，让同学们以真实案例为戒，感受触犯法律带来的危害，将冷冰冰的法律讲得生动活泼。同时杨老师还向全校同学发出了加入模拟法庭的邀请，我们还进行了多场模拟法庭的竞赛，还邀请了多位家长作为嘉宾或者是评委。同学们在这项活动中受益匪浅。

2017级4班是一个温馨和谐的大家庭，人人做班级主人，人人为班级着想，把班级当成自己的家。在电子学校这片沃土上，每个人都在成长、进步，每个人都在立德树人的培养目标的指引下，描绘着属于自己的、独具特色的、绚丽多彩的高中生活。三年时光匆匆，我们不忍离去，留下的都是美美的回忆。

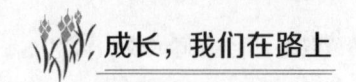

> 【教师感悟】
>
> 刚刚毕业的这个班级确实留下了很多美好的回忆,孩子们在学好知识与技能的同时,参加了丰富多彩的各种活动,他们在活动中学会团结与协作,他们明白了只有拼搏才会成功,他们自己策划实施的众多活动也较好地培养了他们的创新精神,当然班级凝聚力也在一次次活动中增强,这一切也有利于学生们的健康成长。
>
> 青岛电子学校　杨晓宁

阳光教育,体验成功,收获快乐
——我的班主任　赵琳老师

教育是雕塑心灵的艺术,真正的教育必然是从心与心的对话开始的,而心与心的对话是从真诚的倾听开始的。

——山东省优秀学生干部　刘宁

赵琳老师,我高中三年的班主任,是一个懂得倾听的人,通过倾听拉近了与我们的距离,赢得了我们的信任,与我们建立起了深厚的情感。

赵老师跟我的沟通永远是那么真诚,班里不论是调皮的还是内向的学生,她都会经常找来谈心,经常和我们沟通,与我们一起分享快乐和忧愁。她是我们的知心朋友,我们乐意把不愿与父母说的心里话对她诉说。赵老师特别注意把握我们的心理,擅长利用网络跟我们交流,一些赶潮流的网络用语赵老师都非常精通,所以我们感觉与赵老师在网上相遇时更是无拘无束,亲切而自然。我们聊遇到的困难、心里的迷茫、感情的纠葛等。赵老师温馨的"阳光心语"传递着我们师生之间心灵的对话,承载着我们的成长经历。每每想起,总会给我前进的力量。

赵老师一直努力让班级充满阳光,让学生不仅能感受到她的爱与关怀,也能感受到班级的温馨和活力,让学生发自内心地爱这个集体,并在这种充满阳光的氛围里共同成长、共同发展。我们班里的小阎同学因从小患病导致行动不能自理，赵老师在班级成立了暖阳爱心团队对小阎进行生活和学习上的帮助。每天早上团队轮流派同学一大早在校门口等待小阎，帮他拿书包，扶他进入班中。每个课间都会有同学扶他去厕所或帮他接开水，每天中午同学们都会帮他打饭并为他收拾饭桌。学习上的疑难，同学们都会耐心地帮他讲解，大家非常乐意并积极主动地去帮助小阎，同学们相亲相爱犹如一家人。因为小阎在班里年龄较大，大家都亲切地叫他阎哥。小阎对班级也是怀有深深的感情，总想找机会报答大家。运动会，虽然他因身体原因不能上场比赛，但他写了很多运动会稿件为我们加油。班级茶话会，他带了很多好吃的与同学们分享。小阎的家长对老师和同学们对小阎的照顾非常感动，常说孩子来到这个班，遇到赵老师和这帮同学是小阎的福气，孩子非常珍惜和大家在一起的日子。

　　班主任工作是辛苦的，在付出爱的过程中，赵老师也收获了学生们对她满满的爱。每逢教师节、她的生日甚至是三八妇女节，已经毕业的和在校的学生和家长们都纷纷通过微信向赵老师表达节日的祝福和对她的感激之情。有爱的地方就有智慧和成功，心灵的沟通是人与人之间最美好的情感体验。正是因为有了心灵的沟通，她所带的班才有了更多的温暖、更多的力量。赵老师带过的班级人才辈出，校学生会主席代廷江同学作为青岛市唯一中学生代表，参加了全国学联第二十六次代表大会，光荣成为全国学联第二十六次代表大会主席团成员、全国学联第二十六届委员会委员。李森明同学在全国职业院校技术技能创新成果交流赛中，代表学校参展飞行器并荣获全国二等奖，他发明的用手机控制LED灯和多功能插座还获得了国家发明创造专利。我们的"暖阳爱心团队"积极传递正能量，在赵老师的带领下，多次参加社会公益实践活动，多次参加《半岛都市报》爱心义卖，去儿童福利院献爱心，去空巢老人家看望并陪伴老人，去社区、企业利用所学专业知识做义工等爱心活动，事迹在网络上和多家报纸报道，并为学校领回十佳爱心集体奖牌和爱心帮抚志愿团队证书。

　　做赵老师的学生是幸运的，更是幸福的，她用辛勤的汗水和无私的爱带给我们无数的幸福、快乐和感动，她让每一位学生都沐浴在充满人性、充满温情的阳光下。

成长，我们在路上

【教师感悟】

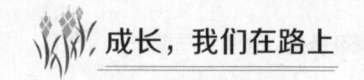

> 每一名学生都是一块正待雕琢的璞玉，经过我们的细致打磨，定会变成发光的玉器，变得精美绝伦、璀璨夺目。愿我们的教育事业永存激情，闪耀光芒！
>
> 青岛电子学校　赵琳

因为你，我才能快速地适应今天的生活

> 在人们眼中，教师是辛勤的园丁，是默默燃烧的蜡烛，是学生灵魂的工程师，是传道授业解惑者。这些溢美之词，对于像我这样的一名职场菜鸟、一名新手班主任来说，是一种无形的、巨大的压力。
>
> ——题记

十几年前，第一次当班主任的我，顶着这样的压力走上讲台，心中不时冒出一个大大的疑问：我能教给我的学生什么，我该教给我的学生什么？于是，我努力提升自身的专业素养，把自己最好的一面展现给我的第一批学生们。但是，当我在讲台上唾沫横飞地展示自己的才华时，我发现下面的学生多数是眼神涣散的。他们的心并没能与我产生共鸣。是我出现了问题，还是他们？是我那些可爱的学生们，解开了我心中的疑团，让我走出工作的迷雾，认清前行的方向。

他，是我带的第一届学生，成绩并不出色，字写得也比较乱，我常常在课堂上提示他。有一次，他在月考中取得了小小的进步，我为他发了一张"进步奖"奖状。第二天，他的家长特地到学校来感谢我，说就因为我对他的表扬，他对学习充满了信心，并且开始对学习有了兴趣。我很吃惊，没想到我不经意的一番表扬，竟然有这么大的作用。某一天课间操跑操，他要请假，第一节下课后，我把他从教室里叫了出来，询问他原因。一开始，他什么话也不说，一脸倔强地站着。"老师叫你出来，是关心你，不是要指责你。

一直以来，你留给老师的印象都很好，这次请假肯定是有原因的。有困难我们一起寻找解决的方法。"说完这番话，我就让他回教室去了。

随后，在他上交的周记中他这样写到："老师，我是在家长呵护下长大的孩子，自从懂事以来，上学都是家长接送，衣来伸手，饭来张口，一点小病痛家长比我都难受。一想到跑操会很累，所以我只好请假。但是昨天你问我请假的原因，我真的说不出口。你没有批评我，但是我能从你的眼神中看出你对我的担心。我知道以后我要自己面对一切，所以从今天开始，我已经开始跑操，今后我还要学会吃苦。"看完他的周记，我的情绪久久不能平静。我庆幸，庆幸自己昨日没有用简单粗暴的方式批评他，要是那样做了，该在他年轻脆弱的心里埋下怎样危险的种子？同时，我也意识到，这是他人生中关键的一个时刻，如何引导他，才能帮助他顺利跨过这个坎呢？在他的那篇周记下面，我回了这样几行字："我们不能选择父母，但我们能够选择对待生活的态度。我相信你会愿意做个让你妈妈感到幸福和骄傲的儿子，独立起来吧。"这次周记之后，他在自理能力方面确实有了不小的进步。

毕业后，他去了另外一座城市上大学。有一天，他给我打来一个电话，电话中他竟然一度哽咽，停了很久才对我说出这样一句话："谢谢您，老师，因为你，今天的我才能快速地适应紧张独立的生活。"

【自我感悟】

这是我和我第一批学生的故事。通过"周记"，我们进行了心与心的交流，在这种交流中，我领悟到一名老师的成就感并不是站在三尺讲台上的唾沫横飞，不是自我才华的展示，而是真诚地关心学生，是帮助学生走出人生的困惑。感谢他，让我悟到为人师表的第一个朴素真理。

青岛电子学校　郑杰

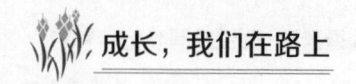

赢得学生信任，助推学生成长

> 冰心曾经说过："情在左，爱在右，走在生命的两旁，随时撒种，随时开花。"我们对学生的爱是没有止境的，逐渐赢得孩子们的信任，师生间会产生良好的心灵交流和互动，赢得学生们的信任，进一步推动学生们成长。
>
> ——题记

做班主任工作已经十多年了，而每次回想起刚做班主任时的情景，我都感觉就像发生在昨天。记得第一次做班主任时，脸上难免有些稚气，心中更是忐忑不安。多么期待遇到一帮听话懂事的孩子，但课上生活总是充满挑战，班上的小李尤其让人头疼。小李是个体育生，学习成绩比较差，是班里的"活宝"，上课睡觉、用废纸团打同学、和周围的同学说话等都是家常便饭，严重影响整个班级正常的课堂秩序，任课老师经常向我投诉。他英语成绩最差，所以我的英语课堂他更是滴水不进。一开始我会很生气地把他揪到教室外，狠狠批评一番，但让我更恼火的是，我批评了他好一顿，他却毫不在乎。我的教学计划都被打乱，课堂效果可想而知。课后我再把小李叫到我办公室，他仍然是一副无所谓的样子，我勃然大怒道："我要给你家长打电话！"谁知他冷笑了一下说："你难道不觉得给家长打电话是最无能的表现吗？"我被他的话呛得哑口无言，我冷冷地跟他说让他先回去，我们俩都冷静地想一想。

小李走后，他的话一直在我耳畔回响，我呆呆地坐在办公室里，对自己的言行进行了深刻的反思。我只是站在一个管理者的角度让小李要顺从，却从没有考虑过他这些行为的起因。一个偶然的机会，我看到小李耷拉着脑袋，是被数学老师给教育了，但他的态度明显是愿意接受批评的样子。我心中就产生了一个很大的疑团，为什么同样是教育，会有截然不同的效果？我决心去请教数学老师，他却只是淡淡说出了"信任"两字。刚开始，我很难理解，我就刻意去观察那位老师的言行，去听他的课，去观察小李在数学课上的表现，我能明显感觉到他在努力克制自己不去打扰课堂的正常秩序，我感到很震惊。我也发现了同学们反映的不同。课下我找同学们谈心，他们说数学老师懂他们，即使批评他们也是为他们好。

学生们给我上了很生动的一课，它让我对"信任"有了更深刻的理解，明白了师生间的信任是推动师生间进行有效沟通和良好互动的钥匙。我不再是高高在上的呵斥，而是努力用微笑去面对学生，努力去关心和关注每一个学生，及时了解他们的想法。课堂给学生的不再是凶巴巴的眼神，而是多了一些鼓励和期盼。课下我会走到学生中间，走进学生的宿舍，去了解学生学习和生活上的困难，想方设法去帮助他们。毕竟那时的我和学生们之间的年龄差距并不大，经过一个多学期的磨合，学生们渐渐接纳了我，就连那个最让我头疼的小李也有了很大的转变，尽管偶尔还会犯错，但认错的态度好了很多。他也会说："老师，我知道你是为我好。"

【教师感悟】

出色的班主任不仅仅是你对孩子们好、孩子们说你好，出色的、好的班主任是当你批评孩子们时，孩子们觉得你是为他好，班主任的工作做到这种境界时，就是一位成功的班主任了。

青岛电子学校　徐敬铭

这个小伙儿好样的

高尔基说："你要记住，永远要愉快地多给予别人，少从别人那里拿取。"乐于助人是一大优良品德，你给予了别人，别人给予更多人，形成一种良性循环，身边会越来越温暖。

——题记

暑假的一天，一位七十多岁的老人顶着酷暑来到学校，送来了一封感谢信，信中还印着一张穿着我校校服的学生的照片。老人给我们讲述了故事的来龙去脉。7月12日那天他坐公交车回家，到家后却发现自己的手机不见了，手机虽然不值钱，但里面有些珍贵的照片，一旦丢了将成为永久的遗憾。着急的他到处找，甚至都联系了公交公司，询问了自己乘坐的那辆公交车的司机也没有找到。一个多小时很快过去了，没抱希望的老人来到车站，竟然看到了一直等在车站的我班学生李佳奇，手里拿着他的手机在焦急地等待失主。当老人连声向李佳奇道谢的时候，他不好意思地说："不用谢，要是我的手机丢了我也会一样着急的。"车站旁水果摊老板目睹了整个过程，很受感动，抓拍了李佳奇同学的照片。当老人问李佳奇的学校和姓名时，李佳奇笑笑说："没什么，一点小事。"这时，车来了，李佳奇笑了笑便和老人说了声再见就上车了。

老人非常感动，跟水果摊老板索要了他抓拍的李佳奇的照片，从校服的校徽中他判断是我校的学生，但他不知道学生的姓名。于是才写了这封印有学生照片并饱含感激之情的信送到了学校，老人还给这封信起了个题目——《这个小伙好样的》！学校在班主任群里发出了"寻人启事"，我一眼认出了他是我班的李佳奇。

当我联系李佳奇时，他却很平淡地说："老师，这是放假那天的事情了，不值一提，这都是应该做的，没什么。"这就是李佳奇，永远都是那么朴实。

李佳奇有这样的举动，我一点都不感到惊讶，因为平日里他就是热心人，经常拿着自己的单反相机给同学们拍照，每次班级活动他都忙前忙后，满脸汗珠，校服经常湿乎乎的，但他从来不在乎。他主动帮大家记录下来，学校网站发表过他的多张摄影作品，但主角从来不是他，他说他愿意做这样的幕后英雄。作为语文课代表，他总是想方设法地帮着老师来上好班级的语文课，语文老师说他是她遇到的最好的课代表，而同学们对李佳奇的付出也深表感谢。

这位热心小伙子也有压力，参加技能大赛培训时，有整夜睡不着觉的时候，我就劝他："抽空回班和同学们聊聊，别总是沉浸在备赛状态，老师和同学们是最大的支持。学做人、学做事、学知识是我们班每个人树立的理念，备战大赛只是你专业拓展提升的过程，结果是次要的。"经过调整，李佳奇的状态有了明显改善，最终获得了青岛市"博诺移动机器人"比赛二等奖的优异成绩。

无论是工作中还是生活中，李佳奇都默默地奉献，他弘扬正气、传承美德，感动着身边的每一个人。

【教师感悟】

　　山东作为礼仪之邦，更应该将这种优良的品质不断传承下去。这种传承就体现在我们日常生活的点点滴滴中，在学生成长的过程中，同学间的榜样更让他们感觉亲切，更有效仿的可能性。

青岛电子学校　　杨晓宁

用爱浇灌，静待花开

　　教育是直面人的生命、通过人的生命、为了人的生命质量的提高而进行的社会活动，是以人为本的社会中最体现生命关怀的一种事业。

——叶澜

　　我从教于一所中职学校，这几年来，从单纯的任课老师上升到了一名肩负更多责任的班主任。在与学生朝夕相处的时光里，点滴的经历汇聚成清晰的印记，教育的实践与书本的理论或碰撞、或共鸣，让我深刻感受到中职教育与其他教育的明显差异。

　　经历了层层选拔筛选后，相对受挫的学习成长经历，让这群中职的孩子们像折翼的天使。然而，每一个天使都应当沐浴阳光并享受阳光的温暖，我愿用爱的阳光给予他们力量，助力他们飞翔。

　　新学期第一次班会，我做了个调查，请那些认为自己值得被爱又感到被爱的同学举手。结果令我很惊讶，班里三分之二以上的同学没有举手。转念一想，也许他们被爱而不自知呢，越亲近的人给予的爱越不容易被感知。我又改变了一下问法，请那些认为自己值得被爱的同学举手，结果依然有近一半的学生没有举手。是什么让这些青春年少的孩子们失去了爱的感觉，没有了活力？我从一摞一摞的学籍档案看起，逐个梳理学生的成长轨迹：好多学生是初中时的"慢生"或"问题生"，初中阶段就已经被"边缘化"；有些是来自农村的留守儿童；有的父母离异；有的学习成绩差或生活习惯差；也有些是原生家庭也就存在一定的问题。这群孩子比普通孩子经历了更多，他们有自己的故事、自己的性格，有的飞扬跋扈，有的冷漠不羁，有的自私自利，有的自卑自闭，而很多人都缺少担当……

但这些学生真的都是"问题"少年吗？他难以改变吗？我从课堂内外的学习、活动看起，努力发掘个人的特长爱好，我看到了文笔细腻的"小才子"，看到了实践课上善于动手的"小达人"。我从校外与家长的沟通做起，让家庭与学校在交融中化解隔阂、消除偏见、相向共行，让学生感受家校共同的爱惜与呵护。都说"老师不经意的一句话，可能会创造一个奇迹；老师不经意的一个眼神，也许会扼杀一个人才。"学生时代的我，曾受益于老师不经意间的暖心话，深知其中的魔力。从那时起，我就立志也要像我的班主任那样用责任心、公平心、宽容心、爱心去温暖培育我的学生。而现在，我想，这不经意可能并非那么简单，需要的是真切的观察、关心，需要的是真诚的关怀、爱心，需要的是长期的积累、用心。

为了能更好地给予学生爱，而并非用他们不喜欢的方式，平日里只要有空闲，我就会阅读各类教育书籍或去网上搜索相关文章。为了多一个了解班级情况的途径，也为了能使全班同学都有发言权，同时能过一把"班长"瘾，全班商议后，我们设定了值日班长制度，并制作了精美的值日班长日志本，命名为"我想对你说"。之后，为了体现仪式感，由班长首先把日志本郑重其事地交到第一名值日班长手里。翻看厚厚的日志本，记录了班上的大事、好事、感人的事，同学们在相互发现优点，给予别人更多的关爱。在鼓励后进生时，我会笑容满面地说："老铁，加油啊！"在表扬进步生时，我会竖起拇指说："后浪，厉害啊！"在批评教育狂妄自大的同学时，我会开玩笑地说："今天天上飘着好多'牛'，也不知道是谁吹上去的。"班级微信群也是非常好的交流平台，除了例行的任务通知发布外，我也经常用学生喜闻乐见的方式沟通，如斗图，通过生动有趣的动态图文来增加师生间的互动，拉近彼此的距离。经过我们的共同努力，我感觉班上的每一个孩子都有了更强的爱的能力，也有了更多被爱的理由。

> 【教师感悟】
>
> 学生是花朵,作为园丁的我们不能无视花期长短,急于看到所有的花同时绽放,而应用心呵护,用爱浇灌,静待花开,相信不久的将来会收获满园花香。
>
> 青岛电子学校　李磊

他不再是一只丑小鸭

　　《中等职业学校德育大纲》指出,中等职业学校德育要遵循解决学生思想问题与解决学生实际问题相结合的原则。既要做到以理服人、以情感人,又要切实帮助学生解决学习、生活中遇到的实际困难和问题,增强教育的实际效果。

——题记

　　那一年,山东省首次尝试3+4试点学校全省招生,由于各地中考政策及高中录取政策的不一致,一个班里来自全省各地的学生录取分数大相径庭。那一年我就当了这样一个班的班主任。青岛地区学生录取分数非常高,其他地区学生成绩大都不理想,小袁就是其中成绩很不理想的一位。他来自沂蒙山区,一米五多一点的个头看上去就像一个小学生,有调皮的学生甚至称他为"丑小鸭"。从小没离开过家的小袁一开学就面临了诸多挑战:成绩在班中倒数、家庭拮据、没有朋友、想家……

　　开学两周后的一天,小袁没来上课,我去宿舍看他,他说头疼,我要带他去医院他也执拗不肯。后来同宿舍的同学偷偷告诉我:"他没病,他想退学。"这时正好迎来了中秋节,因为离家远,很多孩子不能回家过节,学校就为他们安排了丰盛的中秋节晚餐。那天晚上我也来到学校和孩子们一起过节。餐厅里温馨的布置、丰盛的菜肴、诱人的水果和月饼吸引着这帮年轻人,他们的欢声笑语告诉我此刻他们不想家,但在餐厅的一角我看到了一脸落寞的小袁。在聚餐即将开始的时候,一个点着蜡烛、上面写着"小袁生日快乐"的大大的生日蛋糕推向了我们的餐桌。全体同学都惊呆了，包括小袁。同学们马上反应过来，一起唱起了"祝你生日快乐"。小袁激动得手足无措，嘴里不停地说"谢谢"，还不时地问我是怎么知道今天是他生日的，他都没告诉过任何人。他没有意识到我有他的档案。那天晚上，小袁就成了我们的主角，这也是自开学以来小袁最开心的一天。自那次生日以后，同学们说小袁再也没提退学的事。

过一个生日简单，但要把小袁的学习提上来却不是一件容易的事。针对班里外地学生成绩普遍比较弱的现象，我向学校提出了给他们补课的申请。学校很快成立了帮扶小组，由6名任课老师轮流利用自习课、晚自习和周末休息时间为这部分基础较弱的学生无偿补课，从初中基础知识补起。同时我还在班里组建了一个由青岛学生带两个外地学生的三人学习小组，各学习小组之间展开竞赛。小袁本来就很聪明，只是初中作为留守儿童荒废了太多光阴。现在有老师们敬业的辅导、同学的帮助加之有积极向上的欲望，小袁很快找到了学习状态，成绩逐步提高，第一学期末小袁在班里前进了近十个名次，这也让他在学习上逐渐树立起了自信。

小袁的自卑一直是我的心事，我在寻找各种渠道帮他。我发现小袁喜欢运动，足球踢得还不错，我就建议他去参加学校的足球社团，可他怕踢不好被别人笑话。在我的一再鼓励下，他报了名。几次社团活动下来，他开始喜欢这个社团，因为在这里有一群兴趣相投的朋友，并且小袁在社团里足球踢得不错。小袁找到了自己的爱好，除了学习，他大部分课余时间都用在了练习足球上，他的球技逐步提高，身体比以前强壮了许多，个子也在悄悄长高。高一即将结束时，迎来了校体育节的足球比赛，我让小袁做队长，组队参赛，没想到他把队伍带得非常团结，他竟然带领我班足球队获得了校体育节足球比赛的第三名！当赛场上全班同学呼喊他的名字，当他被同学们簇拥着捧起足球赛的奖杯，我看到了小袁的喜悦和渐渐树立起来的自信。

我的学校有个传统，教师与生活或学习上有困难的学生结成帮扶对子。我选择了小袁，除了有时给他买点衣服和生活日用品以外，有时周末我还会带他到家里吃饭或者去郊游。有一次周末我约小袁到家里吃饭，他说他要去陪老年公寓的张大爷，因为上周就答应过张大爷了。原来高二时我们班有几次去学校附近的老年公寓做志愿者活动，为那里的老人表演节目、陪老人聊天、下棋、听老人们讲故事等。小袁与张大爷成了忘年交，周末他经常去看望张大爷，老人也对小袁产生了依赖，每个周末都盼着小袁去看他，那里的工作人员都戏称小袁是张大爷的"亲孙子"。就这样，在接下来的一年多的时间，小袁几乎每个周末都会去看望张大爷。谈起此事，小袁这样跟我说："我来自沂蒙山区一个贫困的家庭，学校、老师、同学们都给了我莫大的帮助，我享受着别人对我的付出，也想用我微薄的力量去帮助我身边需要帮助的人，给他们也带去一丝温暖，将来我有能力了，再去帮助更多的人。"

三年里，这只丑小鸭完成了他的蜕变。如今他已是一名在校的本科生了，个子长高了，自信了，阳光了，但有一点，做公益的心没有变。

【教师感悟】

一个人的成长离不开家人的陪伴、老师的培养和朋友的支持。小袁的蜕变除了他自己的努力与坚持外，学校、老师对他学习上、经济上的帮助以及对他心理方面的引导都起到了积极的助推作用。这些实实在在的帮助真正成就了一个学生、幸福了一个家庭。

青岛电子学校　王爱玲

图书在版编目（CIP）数据

成长，我们在路上 / 王爱玲，崔西展主编. -- 北京：中国书籍出版社，2021.3

ISBN 978-7-5068-8353-5

Ⅰ.①成… Ⅱ.①王… ②崔… Ⅲ.①教育工作-文集 Ⅳ.①G4-53

中国版本图书馆 CIP 数据核字(2021)第 024686 号

成长，我们在路上

王爱玲　崔西展　主编

责任编辑	禚　悦
责任印制	孙马飞　马　芝
封面设计	范　荣
出版发行	中国书籍出版社
地　　址	北京市丰台区三路居路 97 号（邮编：100073）
电　　话	（010）52257143（总编室）　（010）52257140（发行部）
电子邮箱	eo@chinabp.com.cn
经　　销	全国新华书店
印　　刷	青岛新华印刷有限公司
开　　本	787 mm × 1092 mm　1 / 16
字　　数	241 千字
印　　张	14.75
版　　次	2021 年 3 月第 1 版　2021 年 3 月第 1 次印刷
书　　号	ISBN 978-7-5068-8353-5
定　　价	38.00 元

版权所有　翻印必究